suhrkamp taschenbuch 1549

Bodo Kirchhoff, 1948 in Hamburg geboren, lebt in Frankfurt. Das Theaterstück *Das Kind oder Die Vernichtung von Neuseeland* war die erste Arbeit des Autors, sie erschien 1979. Im selben Jahr folgte die Novelle *Ohne Eifer, ohne Zorn*. 1980 erschienen der Band *Body-Building, Erzählung, Schauspiel, Essay* und Kirchhoffs drittes Stück *An den Rand der Erschöpfung weiter*. 1981 veröffentlichte er Erzählungen unter dem Titel *Die Einsamkeit der Haut* und das Schauspiel *Wer sich liebt*. Kirchhoff unternahm längere Reisen. Aus den Reiseerfahrungen entwickelten sich sein erster Roman, *Zwiefalten*, 1983, und die *Mexikanische Novelle*, 1984. 1985 erschien *Dame und Schwein. Geschichten* und 1987 *Ferne Frauen. Erzählungen*.

Ein mutlos gewordener Romancier hofft, durch obszöne Arrangements seine Fantasie beleben zu können. Aber er rechnet nicht mit der Fantasie der Frau, an die er sich wendet. Und diese Dame rechnet nicht mit der Fantasie eines Angestellten, dem sie gekündigt hat. In der nächsten Geschichte gerät der Romancier durch eine Strohwitwe in ein Chaos, aus dem er sich nicht mehr befreien kann. Aus der Strohwitwe wird eine richtige Witwe, und in ihren Sog geraten zwei Literaten. Sie glauben sich der Sprache sicher zu sein, aber bestehen nicht vor den Worten der Frau. Zu dem Versagen kommt die Geldnot, die einen von beiden in den Büroraum eines Geldverleihers treibt. Dort wird er zum Voyeur. Er beobachtet die Geschäfte mit einem Altpräsidenten, er meint Zeuge eines Skandals zu sein. Und mit heilsamer Enttäuschung endet das Buch. Im Hause des Altpräsidenten findet eine Lesung statt. Es liest der Romancier, den man vom Anfang kennt. *Dame und Schwein* ist ein erzählerischer Reigen um die Bedingungen der Lust; um Sprache und Wunsch, die immer wieder auseinanderklaffen; um Kämpfe derer, die begehren.

Bodo Kirchhoff
Dame und Schwein

Geschichten

Suhrkamp

Umschlag: Félicien Rops
Die Dame mit dem Schwein oder Pornokrates

suhrkamp taschenbuch 1549
Erste Auflage 1988
© Suhrkamp Verlag Frankfurt am Main 1985
Suhrkamp Taschenbuch Verlag
Alle Rechte vorbehalten, insbesondere das
des öffentlichen Vortrags, der Übertragung
durch Rundfunk und Fernsehen
sowie der Übersetzung, auch einzelner Teile.
Druck: Nomos Verlagsgesellschaft, Baden-Baden
Printed in Germany
Umschlag nach Entwürfen von
Willy Fleckhaus und Rolf Staudt

1 2 3 4 5 6 – 93 92 91 90 89 88

»Sprache, was sonst.«

DAME UND SCHWEIN

Als der mutlos gewordene Romancier P., dessen Frühwerk Die Achsel mit dem Literaturpreis der Stadt O. bedacht worden war, eines Abends beim Durchblättern alter Magazine auf das Bild Die Dame mit dem Schwein von Félicien Rops stieß, sah er plötzlich einen Weg, die verlorengegangene Schärfe zurückzugewinnen. Schon in den nächsten Tagen wollte er das Motiv mit einer geeigneten Dame und einem ausgewachsenen Schwein in seiner Neubauwohnung nachstellen, um so Anregung für einen gewagten Roman zu erhalten.

Es war die Nacht zum Frühlingsanfang neunzehnhundertfünfundachtzig, und P. betrachtete die Reproduktion einer Radierung aus dem Jahre achtzehnhundertsechsundachtzig. Auf dem blaßblauen Hintergrund schwebten Putten; darauf könnte man verzichten, sagte er sich. Dame und Schwein, durch eine feine weiße Linie miteinander verbunden, waren in den gleichen milden Fleischtönen gemalt, eine Übereinstimmung, die er als Quelle der Aufgeladenheit des Motives verstand. Sie erschien ihm so notwendig wie die wenigen Kleidungsstücke, welche der Maler ins Bild gesetzt hatte. Die Dame trug schwarze, halblange Strümpfe und ebensolche Handschuhe, die ein Glanz überzog; zudem in Rippenhöhe eine Schärpe und auf dem Kopf einen pelzbeladenen Hut. Und sie hatte eine Binde um die Augen. Trotz dieser Behinderung schien sie dem Tier in keiner Weise ausgeliefert zu sein, und P. erkannte hier eine weitere Ursache für die Wirkung des Bildes: Daß die Dame, obgleich sie wie blind war und das Schwein vor ihr herging, nicht etwa geführt wurde, sondern selbst die Führung innehatte. Sie war das Schwein und war es nicht, darin lag ihr Geheimnis. Und dieses Geheimnis wollte er in seinem Wohnzimmer lüften.

P. dachte nun angestrengt über die praktische Seite des Vorhabens nach. Ein Schwein, glaubte er, ließe sich schon besorgen. Doch woher die Dame nehmen? Eine stellungslose Schauspielerin zu engagieren, kam nicht in Frage. Nur eine Dame, die auch in ihrer Haut steckte, kam in Betracht. Sie müßte die Notwendigkeit eines solchen Auftrittes einsehen; sie müßte mit der gleichen Gelöstheit wie die Dame auf dem Bild durch das Wohnzimmer schreiten. Als existierte das Schwein nicht, in dessen Dunstkreis sie wäre.

Fast alle Frauen, die er näher kannte, gingen ihm durch den Kopf. Manche mochten wohl so aussehen. Aber sie entgleisten zu häufig. Zum Beispiel seine geschiedene Frau, eine Tanzlehrerin. Sie war für jeden, der Verbrüderung suchte, ein Opfer. Oder die Kulturdezernentin der Stadt, mit der er ein Verhältnis hatte. Sie wäre zwar der Typ und sicher guten Willens, ihr fehlte nur jedes Format. Es gab keine Richtung der Kunst, für die sie nicht Verständnis zeigte, und P. verachtete sie wegen dieser Wahllosigkeit, von der auch er profitierte. Als nächstes dachte er an die Harfenistin des philharmonischen Orchesters der Stadt, mit der er unlängst eine Nacht verbracht hatte. Doch wahrscheinlich wäre sie mit solchem Eifer dabei, daß der gewisse Abstand zum Schwein, auf den es ja gerade ankam, völlig verloren ginge. Die Harfenistin war also auch ungeeignet.

P. trat ans Fenster und sah auf die Gleisanlagen vor dem Wohnblock herab. Dann bliebe eigentlich nur Frau von C., sagte er sich und drückte seine Stirn an die Scheibe. Frau von C. war seine treueste Anhängerin. Seit Jahren schrieb sie Leserbriefe und hatte hin und wieder Fotos beigelegt. Sie war eine stattliche, alleinstehende Dame, die eine Buchhandlung mit Antiquariat besaß. Sie hatte viel Sinn für galante Geschichten und pflegte ihre Liebe zur Schrift. Ihr Glaube an das geschriebene Wort ging so weit, daß sie in ihren Privaträumen ohne Telefon lebte. Und so hatte sie mit P. schon alle Formen des schriftlichen Verkehrs exerziert, die auf dem Postwege durchführbar sind. Es waren Ansichtskarten hin- und hergegangen, Einschreiben und gewöhnliche Briefe, Eil- und Blitzzustellungen, ja sogar Päckchen zum Nikolaustag. Die Möglichkeit einer Begegnung war indessen nicht einmal zur Sprache gekommen. Frau von C. war eine altmodische und zugleich radikale Person. Trotz des Geschäftes lebte sie ganz in den Welten ihrer Lektüre und war dadurch zu einer leidenschaftlichen Verfechterin der Fantasie geworden. Sie liebte nur die Wirklichkeit der Einbildung und hatte deren Mangel in P.'s letztem Roman Zeremonie der Erschöpfung, eingekleidet in ein Lob für den Stil, bereits taktvoll beklagt. P. entschloß sich, ihr zu schreiben. Sie mußte ihm helfen.

Er setzte sich an seinen Schreibtisch, er sah sie schon

mit einem Schwein an der Leine den Weg vom Fernseher zur Anrichte nehmen; er stellte sich vor, wie ihre hellen, unbedeckten Flächen in Verbindung mit dem pelzbeladenen Hut der ganzen Mietwohnung etwas Mondänes verliehen. P. dachte an ein bestimmtes Foto von ihr. Anläßlich seines Bändchens Der Strand hatte Frau von C. ein Urlaubsbild geschickt, das sie in einem einteiligen Badeanzug, bis zu den Knien in einem Weiher stehend, zeigte. Es war ein etwas unscharfes Foto, und auf der Rückseite stand: »Um Ihre Einbildungskraft wieder zu stärken!« P. holte es aus dem Schubfach, in dem er sämtliche Mitteilungen Frau von C.'s aufbewahrte. Er legte es neben die Reproduktion und ließ seinen Blick hin- und hergehen. Er geriet in einen leichten Taumel. Ihr hochgetragener Kopf und der Schwung ihrer Schenkel, das Gelöste des Spielbeins und die Grazie der Hände trafen seine Vorstellungen von der Dame mit dem Schwein so genau, daß er fahrige Armbewegungen machte. Als er sich wieder in der Gewalt hatte, griff er zu Papier und Füllfederhalter.

»Sehr verehrte gnädige Frau«, begann er den Brief. »Ich darf Ihnen heute ein Anliegen vortragen, das für mich von höchster Wichtigkeit ist. Wie Sie ja selbst bemerkt haben und mich auch wissen ließen, leidet mein Schreiben seit geraumer Zeit an einem Mangel an Mut und Vorstellungskraft; daß Sie beim Lesen meiner Bücher nur noch am Stil Vergnügen finden, beschämt mich zutiefst. Bis zum heutigen Abend hat mich Ihre Kritik in meinem Willen, wieder mehr zu wagen, nur geschwächt. Bis zu dem Augenblick, als ich bemerkte, was meinem Schreiben fehlt: Die Anregung! Denn wie der Zufall es wollte, stieß ich in einem alten Magazin auf das Ihnen sicherlich vertraute Bildnis Die Dame mit dem Schwein von Félicien Rops, und es entstand dabei sogleich der Entschluß, dieses unerhörte Motiv detailgetreu in meiner Wohnung nachzustellen, um dadurch wenigstens einmal vor jenen vollendeten Tatsachen zu stehen, von denen doch jeder Schriftsteller träumt. Das ist mein unverrückbarer Vorsatz. Und nur ein einziger Mensch, den ich zwar nie getroffen habe, aber gut genug zu kennen glaube, hat ausreichend Sinn und Verstand und auch alle körperlichen Vorzüge, um eine so kühne Idee in die Tat umzusetzen – Sie.

Sie, verehrte gnädige Frau, bitte ich daher, um mir aus dieser Krise, die auch Krise des Erotischen an sich ist, zu helfen, meiner Einladung hierher zu folgen und die bewußte Dame für mich darzustellen. Bis zu Ihrer Antwort werde ich alles Nötige veranlassen, um im Falle einer Zusage, auf die ich inständig hoffe, über ein ausgewachsenes und zahmes Schwein zu verfügen; und natürlich sorge ich auch für die im Bild vorhandenen Accessoirs, wäre aber froh, wenn Sie das entsprechende Schuhwerk selber mitbrächten, damit Sie keine Unbequemlichkeiten in Kauf nehmen müssen. Außerdem kümmere ich mich um ein Zimmer mit Bad im ersten Haus unserer Stadt und werde Sie auch am Bahnsteig erwarten, sofern Sie mit dem Zug anreisen. Ich weiß, es ist sehr viel verlangt, aber handeln Sie aus Liebe zur Literatur, aus einer Einsicht in die Notwendigkeit der Übertretung. Im Einklang mit Ihnen, Ihr P.«

Um nicht wankelmütig zu werden, klebte er den Brief sofort zu und brachte ihn zu einem Nachtbriefkasten. Anderentags wachte P. zur gewohnten Zeit auf. Er verrichtete seine morgendlichen Dinge in dem Gefühl, daß etwas ganz Entscheidendes geschehen sei. Nach dem Frühstück löste er die Seite mit der Reproduktion von den übrigen Seiten und heftete sie mit Stecknadeln oberhalb des ausziehbaren Sofas, das ihm als Schlafstatt diente, an die Wand. Nun konnte er das Bild vom Schreibtisch aus sehen. Und dann überlegte sich P., wie er zu einem Schwein kommen könnte.

Er ging schrittweise vor. Seine materielle Beziehung zu Schweinen bestand vor allem im Schnitzel. Und das Schnitzel kam vom Schlachter; der Schlachthof fiel ihm ein. Er suchte die Nummer heraus und führte ein Telefonat. Er erkundigte sich bei der Verwaltung, woher die Schweine kämen, die geschlachtet würden, man gab ihm die Adresse eines Zuchtbetriebes. P. rief dort an, es meldete sich eine Frau.

Ob es wohl möglich sei, bei ihr ein Schwein zu mieten, fragte er; nur für ein Wochenende ...

Die Landfrau glaubte an ein Mißverständnis, worauf P. sich wiederholte. Er sagte:

»Ich möchte ein Schwein. Ich möchte es mieten. Nur für ein Wochenende.«

»Aber wozu?«

»Für einen künstlerischen Akt.«

»Einen Akt ...«

»Es soll an einer Leine gehen. Vor einer Dame her.«

»Na.«

»Bitte?«

Nein heiße das, sagte die Frau und wollte dann wissen, wo er denn lebe. Da käme als erstes der Tierschutzverein. Danach kämen Gesundheitsamt und Ordnungsbehörden. Da müßte er ihr schon Genehmigungen zeigen. Und außerdem: Nicht eines ihrer Schweine sei zu haben für so einen Kram. Schluß.

P. schwieg dazu und legte auf. Er fühlte sich elend. Und um durch die Forderungen des Tages nicht noch weiter von der Welt entfernt zu werden, zog er das Sofa wieder aus. Im Liegen trank er einen Cognac, im Liegen begann er zu grübeln. Es wäre wohl am besten, grübelte er, das Schwein zu betäuben. Dann könnte es mit Hilfe von zwei Arbeitslosen, die sich ja finden ließen, in einer Umzugkiste ins Haus geschafft werden. Aber zu welchem vernünftigen Zweck? Was könnte man vorgeben? P. nahm sich noch einen Cognac. Vielleicht sollte er einfach behaupten, an einer Rehabilitierung des Schweines zu schreiben, was nur gelingen könnte, wenn er ein Schwein in seiner Wohnung hätte; der Tierschutzverein wäre damit gewonnen. Doch wie die sture Frau vom Land, wie das Gesundheitsamt, wie die Ordnungsbehörde auf seine Seite bekommen? Durch Bestechung vielleicht; aber womit bestechen? Es kämen nur Freiexemplare seiner Bücher in Frage, mit Widmung natürlich. Nur würde das reichen? Hier müßte dann sein

Name zählen; doch wie hoch steht sein Name im Kurs? Und herrscht nicht gerade in Behörden wieder das alte feindselige Klima bezüglich exzentrischer Kunst? Demnach bräuchte er Beziehungen; bloß zu wem? Auf sein kleines Verhältnis mit der Kulturdezernentin durfte er nun wirklich nicht bauen. Ihr Hang zur Ausschweifung war rein privat. Nein, er konnte mit niemandem rechnen.

P. grübelte weiter und betrank sich im Laufe des Tages. Er schlief dann ein und erwachte erst am folgenden Tag, als seine Wohnungsklingel schrillte. Mit wehem Kopf und ausgedörrtem Mund ging er zur Tür. Es war ein junger Mann, der eine Eilzustellung brachte. P. warf einen Blick auf die Anschrift und wußte Bescheid. Der Brief wog schwer; es waren wenigstens vier Bögen ihres teuren Papiers. Er brach den Umschlag auf, er zwang sich, nicht gleich den Schlußsatz zu lesen. Es war ihre übliche tiefblaue Tinte, es waren die gewohnten steilen Züge. Aber es stand eine Anrede da, die Frau von C. bisher noch nie verwendet hatte.

»Mein armer P.«, begann der Brief, anstatt mit Bester oder Mein Verehrtester, und es ging weiter in derselben Zeile. »Ihr Anliegen hat mich nicht überrascht. Nach der Lektüre Ihres letzten Buches Zeremonie der Erschöpfung gab es für mich an Ihrer Krise keinen Zweifel mehr; Art und Ausmaß sind mir indessen erst durch Ihren Brief zu Bewußtsein gekommen. Was soll ich Ihnen sagen?

Selbstverständlich kenne ich das großartige Bild Die Dame mit dem Schwein und vermag Ihr Anliegen, das ja mehr ein Ansinnen ist, auch zu verstehen. Stellen wir uns also vor, lieber P., ich käme Ihrer Bitte verständnisvoll nach und klingelte jetzt bei Ihnen; und lassen wir auch den starken Konjunktiv, den ich so liebe, für eine Weile beiseite.

Ich klingele also, und sie eilen zur Tür. Aus Ihrem Bad dringt ein Scharren und Grunzen. Sie öffnen mir, Sie sehen mich zum ersten Mal vor sich. Ich trage ein gelbes Kostüm, mein Haar ist nach oben gesteckt, der Nacken liegt frei. Sie küssen mir die Hand, ich sage, Grüß Gott. Und danach trete ich in Ihre Wohnung, die mir aus dem Bändchen Vier Wände erzählen ja schon geistig vertraut ist. Sie bitten mich, auf Ihrem Ausziehsofa Platz zu nehmen, aus dem Bad kommt ein Poltern. Das eingesperrte Schwein hat Angst. Ich schaue Sie beunruhigt an, Sie sagen mir, das Schwein sei zahm; Sie beginnen eine Konversation. Aber ich wünsche keine Konversation. Ich bin gekommen, um die Dame auf dem Bild zu verkörpern. Ich fordere Sie auf, die Vorbereitungen zu treffen; es besteht ein Vertrag zwischen uns.

Meine Sachlichkeit stört Sie, doch Sie zeigen es nicht. Sie holen die Accessoirs, Sie legen sie auf den Tisch. Zuerst die weißen Kleinigkeiten: Leine, Schärpe, Augenbinde, Blumen und Bändchen, danach die schwarzen: Handschuhe, Strümpfe, Seidentuch sowie den pelzbesetzten Hut; die Schuhe trage ich bereits, Ihrer Anregung folgend, und ich trage auch schon die richtige Kette und die richtigen Clips. All das verwirrt Sie. Sie bieten mir Sekt an, ich lehne ihn ab. Aber warum? fragen Sie, und ich lächle; ich schlage Ihnen

vor, doch beizuwohnen, während ich die Kleidung
wechsle. Und darauf ziehen Sie die Vorhänge zu und
setzen sich hin. Sie setzen sich in Ihren Fernsehsessel,
und ich bitte Sie, mir den Reißverschluß meines
Kostümrocks zu öffnen. Ich bücke mich zu Ihnen
hinunter. Sie sehen die Ränder meiner Wäsche durch
den Stoff. Wir reden jetzt nicht mehr. Bis auf das
unruhige Schwein ist es still.«

P. drückte einen Handballen gegen die Stirn. Sein
Kopfschmerz und die Worte Frau von C.'s steigerten
sich wechselseitig zu einem Flackern hinter den Augen. Aus dem Bad kam ein Geräusch. Vielleicht der
Brausenhahn? Wahrscheinlich der Boiler. Er stand
auf und zog die Vorhänge zu. Und im Stehen las er
weiter.

»Sie öffnen mir nun den Verschluß, der enge Kostüm-
rock springt auf, ich ziehe ihn über die Hüften, links
ein Stück, rechts ein Stück, schließlich gleitet er
herab. Ich steige aus dem Bündel, Sie sehen, daß ich
Strumpfhalter trage. Die schwarzen Bänder sind wie
Gitterstäbe, an die sich meine Schenkel pressen. Ich
löse alle Bänder, die Strümpfe werden welk. Dann
ziehe ich die Jacke aus, danach meine Bluse. Ich stehe
nun in der Wäsche vor Ihnen, ich blende Sie etwas.
Blinzelnd kommen Sie aus Ihrem Sessel und treten
vor die Bücherwand. Warum so befangen? frage ich
leise, und Sie sagen mir, mein Anblick bringe Sie an
den Rand. Doch ich lasse das nicht gelten. Ich bitte
Sie darum, mich anzusehen. Ja, mich zu mustern, als
legte ich eine Prüfung vor Ihnen ab. Und Sie ver-
schränken die Arme. Sie heben ein wenig den Kopf.

Ihre Augen werden schmaler. Die Lippen entzweien sich ein Stück; und ich entkleide mich nun bis auf die Schuhe.

Mit den Absätzen, entspricht meine Größe etwa der Ihren. Wir stehen uns gegenüber, ich verfolge Ihre Augen. Ihr Blick geht über meine Brüste, die Sie sich nicht so voll gedacht haben; der Hauch von Verfallenheit spricht Sie an. Dann fliegen die Augen hinunter zum Schoß. Sie sind überrascht. Sie hatten auch hier mehr Verblühtheit erwartet. Anstatt geplatzter Äderchen springt Ihnen Reife in die Augen; und auch kein Blutbeutel weit und breit, keine eingesunkene Haut. Und nun begreifen Sie auf einmal. Sie begreifen, daß mir Helden Ihrer Bücher jahrelang den Mann ersetzt haben. Sie ersparten mir jedes Privatim. Hände, von Ihnen beschrieben, machten mir alle wirklichen Hände entbehrlich; Hände, unter deren Grobheit meine Haut gealtert wäre, wie unter zu viel Sonne. Ihre Bücher erlaubten es mir, so zurückgezogen zu leben, wie ich es mochte. Bis sie dann schlecht wurden. Sie wurden allgemeinverständlich, sie wurden fad. Und nur deshalb bin ich heute bei Ihnen, verlieren wir keine Zeit!

Das rufe ich Ihnen zu, und Sie reichen mir nun ein Accessoir nach dem anderen. Sie staffieren mich aus, ich bin Ihr Kunstwerk. Zuletzt verbinden Sie mir meine Augen, ich weiß jetzt nicht mehr, wie Sie schauen. Es ist still um mich herum, es ist warm. Sie haben einen elektrischen Zusatzofen unter den Schreibtisch gestellt, seine Strahlen erreichen meine Kniekehlen. Langsam auf Zehenspitzen schleichen

Sie um mich herum. Sie kommen mir so nahe, daß Sie mich riechen können. Ich rieche nach heißen Kissen und Zimt. Ich bin die Dame auf dem Bild, ich bin es. Sie treten nun etwas zurück.

Lassen Sie sich Zeit, flüstere ich. Betrachten Sie jede Einzelheit meines Körpers. Genieren Sie sich nicht. Zeigen Sie Ihr Interesse für Falten und Poren, für den Flaum in meinem Nacken, für die Härchenleiter unterhalb des Nabels; seien Sie schamlos! Verlangen Sie Stellungen, die Ihnen vorschweben, nehmen Sie keine Rücksicht auf mich. Sehen Sie das Weib in mir, nicht die Frau. Sorgen Sie für das richtige Licht, leuchten Sie mich so aus, daß mein Körper in den ansprechendsten aller Fleischfarben schimmert. Geben Sie sich nur mit einem blassen Rosa zufrieden, dem Ton des Schweines. Ich bin nichts als Ihre Vorlage. Ich bin Ihr Stoff, verwenden Sie mich nach Belieben. Springen Sie um mit mir!

Und Sie setzen jetzt alles in Szene, bis nur noch das Schwein fehlt. Ich stehe da wie auf dem Bild, die feine weiße Leine in den Fingern; Sie schärfen mir ein, mich nicht zu bewegen, und gehen ins Bad. Das Schwein liegt auf dem Boden, es zittert. Mit einen Tritt und etwas Futter bringen Sie es auf die Beine, mit frischen Trüffeln locken Sie es in den Wohnraum. Ich schnuppere und lausche; ich rieche das Tier und höre sein Schnaufen. Und Sie verstecken nun die duftenden Knollen an verschiedenen Plätzen, so daß unser Schwein nicht mehr weiß, wo es hinstreben soll. Die Nase am Teppich verharrt es, was Ihnen Gelegenheit gibt, die feine Leine um den breiten Hals zu schlingen. Das Schwein will weg, doch wird vom Duft gehindert, und so verharrt es erneut, in einem fast graziösen Schritt nach vorn, während ich das Band zu ihm in meinen ausgestreckten Händen halte, ohne es zu spannen, ohne es locker zu lassen. Galant. Ich vertraue dem Schwein, so wie das Schwein mir vertraut. Sie aber treten zurück, um das vollendete Bild zu betrachten.

Was Sie sehen, ist kaum zu ertragen. Das Maß an Vollendung übersteigt Ihre Kraft. Sie beneiden mich um meine Augenbinde! Sie suchen Halt auf mir, Sie suchen den springenden Punkt; Sie glauben, er sei außerhalb von Ihnen. Ihr Blick irrt umher. Von meinem Schoß zu meinen Brüsten, von meinen Schenkeln zu den Fesseln und wieder hinauf, zu den Sehnen, die durch den feinen Handschuhstoff drücken. Dann von der Nabelmulde rasch zu meinem unbedeckten Ohr, von meinem Nasenloch, in einem Sprung, zum Nasenloch des Schweines, von dessen Hals zu meiner Hand und retour. Sie gleiten an der Leine entlang, das Hin- und Her der Augen läßt nach. Ihr Blick ruht jetzt auf diesem hellen, hingehauchten Band; denn was verrät mich mehr, als jene Art, wie ich es halte ...

Sie erkennen darin meinen innersten Zustand. Sie sehen ihn als äußerste Blöße. Sie begreifen das und schließen die Augen. Sie wissen nun, daß es mich gibt. Ich existiere wirklich. Ich bin die Dame mit dem Schwein.

So weit, so gut; so hätte ich es gerne bei Ihnen gelesen. Schreiben Sie es weiter, schreiben Sie drauflos! Sollten Sie aber nur noch aus Bedenken bestehen, nur noch aus Furcht, lieber P., so stellte ich mich für eine Klamotte gegebenenfalls zur Verfügung. Dies geschähe jedoch alleine aus Mitleid; ich käme als Christin. Bis dahin bleibe ich freilich die Ihre, mit den besten Wünschen, von C.«

P. vergrub sein Gesicht in dem Brief. Das dicke Papier nahm sofort seinen Schweiß auf. Einzelne Buchstaben verschwammen zu kleinen, bläulichen Bächen; vor seinem inneren Auge lebte das Bild. Er sah sie da stehen! Alle ihre Worte hatten Gestalt angenommen, keines war leer gewesen. Beschämt aber glücklich, atmete er den Duft ihres Briefes, Bütten und Tinte. Dabei ging er langsam durchs Zimmer, er ging zum Telefon. P. rief die Telegrammaufnahme an. Das Fräulein fragte nach dem Text, und er diktierte ohne nachzudenken.

»Verehrteste Ausrufezeichen Brief erhalten Komma heftigst getroffen Punkt Welch ein Triumph der Sprache Gedankenstrich Antwort erfolgt in Buchform Komma bitte um etwas Geduld Strichpunkt ich habe wirklich Schwein gehabt mit Ihnen Pünktchen Pünktchen Ihr P. Ende, Schluß.«

Und das Fräulein wiederholte das alles, und er bestätigte es. Danach fand er zum Schreibtisch und begann auf der Stelle.

ELENDE SCHWÄCHEN

Während die alleinstehende Frau von C., deren Tage einer wie der andere mit Buchhandelsgeschäften vergingen, deren Abende indessen reizvoller Lektüre vorbehalten waren, die ihr Privatumgang ersetzte, an einem ersten warmen Wochenende, kurz nach den Spätnachrichten, gerade ihren Lieblingsautor las, flog an das Wintergartenfenster ein Steinchen.

Frau von C. senkte das Buch in den Schoß. Dann griff sie zum Radio und drehte das Nachtkonzert ab; sie überlegte, wer dafür in Frage käme. Verwechslung schloß sie aus. Wer in den Garten eingedrungen war, hatte mit Vorsatz gehandelt, der wollte sie stören. Und dieser Einbruch in ihre Privatheit empörte sie mehr als die grobe Art und Weise der Kontaktaufnahme. Noch ein Steinchen flog an die Scheibe. Doch Frau von C. ließ keine Störung zu. Sie war ein Mensch, dem die Gegenwart gleichgültig blieb. Ihr Jahrhundert wäre das neunzehnte gewesen. Sie sah sich als Versprengte. Es raschelte im Garten, es knackte. Fest stand nur: Es war ein Mann. Denn keine Frau wählte einen so albernen Weg, um sich bemerkbar zu machen. Also ein Mann; aber ein Mann und zu ihr? Und wieder kam ein Steinchen, jetzt schon etwas zaghafter. Womöglich der Verkäufer, dem gekündigt worden war. Ihr undurchsichtiger Herr B., den sie in der Mittagspause über einem abgegriffenen Heftchen angetroffen hatte.

Und Frau von C. erhob sich. Furchtlos wie sie war,

riß sie die Tür zum Garten auf. Sie betrat die Terrasse, sie rief:

»Wer da?«

Aus dem Holunder, der in Blüte stand, drang ein Geräusch. Jemand schneuzte sich leise.

»Sie werden sich jetzt zeigen«, befahl Frau von C. Für ein paar Augenblicke war es still. Dann erhob sich eine Stimme. »Bitte verzeihen Sie ...«, kam aus dem Busch. Es war tatsächlich Herr B., Herr B. mit seiner übertriebenen Sprache, und sie fragte ihn, was er wünsche.

»Nichts, nichts; ich habe nur etwas für Sie.«

»Ihre Kündigung ist unwiderruflich!«

»Ich weiß, ich weiß.«

»Also was wollen Sie?«

»Ich bringe Ihnen etwas. Ein hübsches kleines Buch. Sie kennen weder den Titel, noch den Verfasser. Aber es ist ein Juwel.«

»So behalten Sie es.«

»Ich leihe es Ihnen ...«

»Ich möchte es nicht.«

»Ein Höhepunkt auf dem Gebiet ...«

»Dann kenne ich dieses Juwel.«

»Wäre es so, ich wäre nicht hier.«

Und Frau von C. erwiderte:

»Sie hätten klingeln können.«

»Hätten Sie aufgemacht?« entgegnete ihr Angestellter und trat aus dem Schutz des Holunders. Er hielt ein schmales, weißes Buch in der Hand, er hob es an. So wie sie ihn beobachtet habe, habe er sie beobachtet. Sie liebe keinen Menschen, nicht einmal sich

selbst; ihre ganze Liebe gelte einer gewissen Literatur ...

»Ich glaube, Sie träumen. Am besten, Sie gehen.«

»Nicht bevor Sie einen Blick in dieses Buch gewor-
fen haben. Sie kennen es nicht, das weiß ich.«

Frau von C. schob beide Hände in die Taschen ihres
weiten Hausanzuges und warf den Kopf in den Nak-
ken.

»Sie wissen gar nichts«, sagte sie.

»Es ist ein vergessener Autor ...«

»Ihre Kündigung ist unwiderruflich.«

»Ein Emigrant; man schrieb, er sei der Chopin seines Fachs. Es gab nur winzige Auflagen, sie gingen
an Freunde. Und über allem ein Mantel des Schweigens.«

»Also das Übliche.«

»Dann hätte ich keine Steinchen an Ihr Fenster ge-
worfen. Niemals.«

»Sie haben sich lächerlich gemacht.«

»Das ist die Sache wert.«

Und Frau von C. forderte ihn auf, Titel und Autor
zu nennen, damit sie ihn auslachen könne.

»Gustav Vigo, Stunde der Perlen.«

Sie zog die Hände aus den Taschen, sie klatschte
und behielt sie gefaltet. Dann behauptete sie, beides
zu kennen. Ihr Angestellter nickte. Nickend sagte
er:

»Es stammt aus dem Ausland. Aus Amsterdam.«

Und sie erwiderte:

»Ich habe es seit Jahren nicht mehr gelesen. Ich
kannte jemanden, der es besaß. Leider konnte ich

es nie erwerben. Und irgendwann vergaß ich das Ganze.«

»Eben deshalb bringe ich es«, versetzte Herr B.

»Signiert?«

»Aber sicher.«

Und Frau von C. bat ihn mit einer Geste herein, was sie im selben Augenblick bereute. Ein schon gekündigter Verkäufer in ihrem Haus! Nur dieses Kleinod, sofern es auch eins war, sprach für ihn; sie konnte es noch immer nicht begreifen, was ihn an einem Heftchen angezogen hatte. Wollte er etwas von ihr? Hatte er sie etwa durchschaut? Da es kein wichtiges obszönes Werk gab, das sie nicht besessen und schon zum wiederholten Mal gelesen hätte, wäre jeder Könner, der ihr entgangen sein sollte, ein enormer Gewinn. Etwas benommen durchschritt sie den Wohnraum. Sie balancierte. »Möchten Sie vielleicht etwas trinken?«

»Werfen Sie bitte erst einen Blick in das Buch.«

Und sie nahm das Buch in Empfang.

Es war ein Privatdruck, das sah man. Und was sprach mehr für die Qualität einer Literatur der Begierde als die Tatsache, daß sich kein ordentlicher Verlag dafür fand? Sie setzte sich und öffnete das Bändchen, während Herr B. daran ging, ihre umfangreiche Bibliothek zu betrachten. Er trat ganz nah an die Bücher, er glotzte, es war eine scheußliche Situation; doch Frau von C. hatte den Ehrgeiz, damit zu Rande zu kommen. Das Angestelltenverhältnis, das ja noch immer bestand, sollte hier keine Lockerung erfahren. Sie nahm sich vor, ihn wie Luft zu behandeln. Sie wollte lesen, als sei sie für sich.

Jedes Buch stand und fiel für sie mit dem Anfang. Mit seinem ersten Satz. Sie lehnte sich zurück und las ihn. Er endete mit einem Fragezeichen, sie las ihn gleich noch einmal. Der Satz gefiel ihr. Er gefiel ihr so gut, daß sie die Lektüre nicht fortsetzen konnte. Es war ihr unmöglich weiterzulesen, ohne sich durch rote Flecken am Hals zu verraten. Selbst wenn sie allein war, schossen ihr diese Flecken bis zu den Wangen empor. Sie war ganz machtlos gegen diese Launen des Bluts. Aber es war auch ihr Wunsch: innezuhalten, um sich vorzustellen, was dieser erste Satz aufwarf. Frau von C. gab sich gelangweilt. Wer immer Gustav Vigo war, er hatte ihren Nerv getroffen. Den Nerv ihrer Schwächen. Und mehr: Es waren Worte, die auf ihren Schwächen ritten. Galopp, Galopp, und genau auf der Sehnsucht. Sie hob den Blick etwas an, sie lächelte, als wühle sie in Kinderfotos. Sie fühlte sich einsam.

»Gefällt Ihnen das Büchlein?« fragte Herr B.

»O ja, ein wunderbarer Autor.«

»Der große unbekannte Gustav Vigo ...«

»Was heißt unbekannt«, erwiderte sie und zog mit gespielter Hingabe ihre Brauen zusammen. Und Herr B. ordnete den Band wieder ein und setzte sich auf ein kleines, samtbezogenes Sofa.

»Unbekannt heißt: Ein Pseudonym ist ein Pseudonym ...«

Frau von C. schloß die Augen. Daß er sich so unaufgefordert hingesetzt hatte, noch dazu auf ihr Schmuckstück, tat weh; er beschmutzte die einzige Welt, in der sie aufatmen konnte, durch seine Präsenz. Doch er besaß auch etwas, das diese kleine Welt erweitern konnte.

»Aber Sie wissen vielleicht«, sagte sie wie nebenbei, »wer sich hinter diesem Namen verbirgt ...«

»Nun ja«, erklärte Herr B. und machte eine Pause. Sie schlug die Augen wieder auf, sie sah seine Zunge: die Spitze. Lange Sekunden vergingen, ehe er fortfuhr. »Ich habe das Glück, den Verfasser persönlich zu kennen. Ich traf ihn in Amsterdam. Er überließ mir ein Exemplar seines Bändchens. Sie halten es in der Hand. Es gehört Ihnen. Ich schenke es her.«

»Das kann ich nicht annehmen.«

»Aber Sie müssen es annehmen. Zwei Drittel Ihres Geistes verlangen danach.«

»Ein Drittel sagt Nein.«

»Dann haben Sie schon verloren.«

»Ich tue, was ich will.«

»Was Ihnen übrigbleibt ...«

»Also sagen wir: Ich interessiere mich für das Buch; und Sie erzählen weiter. Alles über Vigo bitte.«

»Ich traf ihn in der Hinterstube eines Antiquariates. Er empfing mich mit den Worten: Wer meine Schriften liest, ist ein Schwein. Er saß an einem Tischchen, ein Magazin in den Händen. Er sah mich an und sagte: All meine Anregung beziehe ich von derartigen Fotos, mein Herr ... Worauf ich einen Blick riskierte. Es waren wunderbare Bilder. Sogar der feine Glanz der Sekrete war wiedergegeben ...«

Frau von C. hob beide Hände. Sie gebot ihm zu schweigen, und er setzte seiner Rede mit einer kleinen, eckigen Verbeugung ein Ende. Sie stand auf, er stand ebenfalls auf. Schweigend standen sie sich gegenüber. Der Anblick seines Kinns verwirrte sie. Es wies einen Spalt auf und schimmerte bläulich. »Bitte setzen Sie sich wieder«, sagte sie, fast der Stimme beraubt, »ich bin gleich zurück.« Und Herr B. nahm wieder Platz auf dem Sofa, während sie zur Küche eilte.

Dort ließ sie ihre Maske fallen; es war die Maske, die alles verbarg. Sie holte die Eiswanne aus ihrem Gefrierfach, sie brach sich Würfel aus den Waben. Sie kühlte ihren Hals damit, sie kühlte ihre Achseln und Kniekehlen; das alles in Gedanken. Was geschah hier überhaupt? Wollte er sie am Ende verführen? Sie nahm eine Flasche Sekt aus dem Kühlschrank und drückte das restliche Eis in den silbernen Kübel. Und fest entschlossen, nicht ihren Verstand zu verlieren, kehrte sie aus der Küche zurück.

Herr B. kam ihr entgegen.

»Das hätte ich doch wirklich auch tun können«, sagte er, »komm ...« und nahm ihr den Sektkübel ab. Er holte die Flasche heraus und begann sie zu öffnen. Frau von C. trat zur Seite. Sie glaubte sich verhört zu haben. Hatte er wirklich Komm zu ihr gesagt? War sie vielleicht schon sein Opfer? Sie wandte ihr Gesicht ab, um sich vor Knall und Pfropfen zu schützen. Doch Herr B. drehte ihn so behutsam heraus, daß nur ein leises, unanständiges Geräusch die Folge war, und sie sah wieder hin. Eine Fahne weißen Nebels kam aus dem Flaschenhals. Er wedelte den Nebel fort, er schaute sie an.

Sie holte Gläser und hielt sie bereit. Er schwieg und goß ein, sie hatte das Wort. Aber was sagen? Sie lächelte kurz.

»Nett, daß Sie da sind.«

»Ich habe lange gezögert.«

»Gezögert warum?«

»Nun, meine Kinderstube«, sagte Herr B. und schenkte die Gläser so voll, daß sie perlende Hauben bekamen; kein Tröpfchen trat über den Rand. Sie stießen an, er brachte einen Trinkspruch aus.

»Auf Gustav Vigo. Auf mich.«

Er trank, und sie nippte. Sie riß sich zusammen. Sie hörte ihr Herz, es gab keine Maske dafür. Er hatte sie hereingelegt. Und wie! Mit einem Teufelsritt auf ihren Schwächen. Da war geweckt, was nur zu wekken war. Sie versuchte durchzuatmen, sie kaute ihre Unterlippe. Dann sagte sie, »Ich glaube Ihnen nicht«, und er erbot sich, zu zitieren. Aus seinem Buch. Seitenlang, wenn sie wolle. Denn er habe es schließlich geschrieben. Nacht für Nacht.

»Und warum?«

»Um mir Zugang zu verschaffen, Ihr Ohr ...«

»Mein Ohr für was?« fragte sie, während ihr Sekt auf die Hand lief. Sie zitterte.

»Ihr Ohr für meine Sorgen.«

»Für Ihre Sorgen ...«

»Ja. Denn meine Kündigung bedeutet eine Katastrophe.«

»Für Sie. Nicht für mich.«

Ihre Stimme hatte wieder vollen Klang; auch Herrn B. lief jetzt Sekt auf die Hand. Unter seinem gespaltenen Kinn bebte die Haut. Sie könne ihn doch nicht in dieses Heer der zwei Millionen werfen. Das Arbeitsamt wäre sein Tod. Gnade vor Recht. Und dürfte er bleiben, so schriebe er regelmäßig weitere Kapitel. Er läse ihr die Wünsche von den Augen ab. Und legte sie dann anderen in den Mund...

Frau von C. nippte noch einmal. Sie trank vorsichtig ab. Dann sagte sie:

»Was wissen Sie von meinen Wünschen...«

»Daß Sie ihr Opfer sind.«

»Idiotisch...«

»Zwangsvorstellungen, Tag für Tag. Sie krümmen sich darunter. Ich kenne das.«

»Wie albern Sie sind...«

»Aber wir zittern beide«, sagte Herr B. »Ich um meine Arbeit, Sie um Ihr Gleichgewicht. Und nun geben Sie mir bitte ein Stichwort, und ich werde aus meinem Büchlein zitieren.«

»Vielleicht ist es nur ein Plagiat...«

»Dann hätten Sie mich längst überführt.«

»Was wollen Sie, wollen Sie Zärtlichkeiten?«

»Ich will meine Stellung behalten.«

»Mehr wollen Sie nicht? Wer keine anderen Wünsche hat, kann auch nicht so etwas schreiben.«

»Lesen Sie mir einen Satz vor. Drei, vier Worte, und ich sage, wie es weitergeht.«

Und Frau von C. griff nach dem Buch. Obwohl sie abgetrunken hatte, vergoß sie immer noch Sekt, der ihr in glänzenden Bändern über den Handrücken rann. Sie schlug es in der Mitte auf und tippte wahllos in den Text. Sie las so unbetont wie möglich.

33

»Ich war endlich allein, ich schloß die Gardinen ...«
»Genug«, unterbrach sie Herr B. und fuhr fort. Er ging mit dem Glas in der Hand auf und ab und redete, so konnte man meinen, von sich, während Frau von C. in das Buch sah. Es stimmte jedes Wort, es stimmte Satz für Satz. Also könnte es wahr sein: Ihr schlichter Herr B. ein begnadeter Mensch! Ein Mann, der es verstand, auf ihr herumzutanzen; und sie hielt still dabei, schamübergossen, glühend vor Neugier.

»Schluß, aufhören«, rief sie, »ich kann lesen ...«
Sie leerte ihr Glas, sie überlegte sich die weiteren Schritte. War sie nicht längst in seiner Hand? Schon als Kind hatte sie unter Fortsetzungsgeschichten gelitten, auch unter den dümmsten. Fieberhaft hatte sie auf die nächste Folge gewartet, und fieberhaft würde sie auch auf die Fortsetzung seines nicht mal fünfzig Seiten starken Bandes warten. Doch erklärte sie die Kündigung für aufgehoben, wäre sie sicher bald machtlos. Er könnte fordern, was er wollte, doppeltes Gehalt oder sonst einen Vorteil, Bemutterung vielleicht, sexuelle Entspannung ... Es sei denn, sie hätte ihn ebenso in der Hand wie er sie. Mit seiner elendsten Schwäche.

»Und so was schreiben Sie sich Nacht für Nacht von der Seele«, sagte sie nachdenklich und hielt das Buch in die Höhe. Herr B. schenkte nach, und diesmal trat der Schaum etwas über. Er legte eine Hand auf die Krone und gab es zu. Ja, diese Dinge beschäftigten ihn.

»Welche Dinge?«

»Nun ...«

»Hängt es mit mir zusammen?«

»Auch.«

»Mit meinem Körper?«

Er nickte.

»Das heißt, Sie unterscheiden zwischen mir und meinem Körper ...«

»O, gewiß.«

»Das tröstet mich. Aber weiter. Was beschäftigt Sie an meinem Körper?«

»Nun ...«

»Nur wenn Sie reden, werden Sie Arbeit behalten. Also was wünschen Sie, mich zu berühren?«

Herr B. ging wieder auf und ab. Er versuchte klare Gedanken zu fassen. Sein Plan, allein durch das Bändchen, das er eigens dafür abgeschlossen hatte, der Arbeitslosigkeit zu entkommen, war nur zur Hälfte geglückt; offenbarte er sich nicht, blieb er gekündigt. Er berührte alle Türen im Vorbeigehen. Doch es ging ihm nur um eine. Die Tür, welche ins Schlafzimmer führte. Den Raum, in dem sich wohl ihre einsamsten Dinge abspielten; seit er ihr Angestellter war, hatte er sich Bilder ihrer Zurückgezogenheit ausgemalt. Die Geschichte seiner Abende, glaubte er, sei auch die Geschichte ihrer Einsamkeit; sein Umgang mit sich selbst sei auch der ihre; zwei auf die gleiche Weise überreizte Körper, nahm er an.

»Es ist mein Wunsch«, sagte er, »einmal Zeuge Ihrer Intimitäten zu sein.«

»Wovon sprechen Sie?«

»Von Ihnen. Und von Ihrem Körper.«

»Sie glauben, ich erregte mich selbst?«

»Es bleibt Ihnen nichts anderes übrig. So wie mir.«

»Ich könnte mich beherrschen ...«

»Meine Worte haben Sie verschlungen.«

»Ich liebe die Literatur. Und Gustav Vigo hat Talent. Das gebe ich zu. Mehr nicht.«

Herr B. war stehengeblieben, und sie trat vor ihn hin. Wie ein zu schnell gewachsener Jüngling stand er vor ihr. Sein Adamsapfel wanderte.

»Sie sind keine Heilige«, sagte er leise.

Sie schob die Hände in die Taschen, sie spannte ihren Hausanzug. Sie stimmte ihm zu.

»Das heißt, Sie excitieren sich?«

»Hin und wieder.«

»Also wäre es möglich, daß ich Ihr Zeuge sein könnte.«

»Ich verstehe Sie nicht.«

»Sie verstehen mich zu gut.«

»Sagen Sie, was Sie wünschen. Und sagen Sie es einfach. Sagen Sie es bitte vulgär.«

»Das kann ich nicht.«

»Dann haben Sie Ihre Stellung verloren.«

»Es würde Sie verletzten ...«

»Ich gebe Ihnen drei Sekunden.«

Und Herr B. sprach es aus, und Frau von C. lächelte bitter. Sie lächelte wie eine enttäuschte Geliebte, er sah nicht, wie sie innerlich jauchzte. Er schlug die Augen nieder, er hörte ihre scharfe Stimme.

»Ihr Geschreibe ist nur ein Ventil. Sie würden auseinanderplatzen ohne Ihr Geschreibe.«

»Ich kann damit aufhören ...«

»Das würde ich niemals verlangen. Sie gingen zugrunde. Nein, machen Sie weiter. Schreiben Sie nur. Aber wachsen Sie dabei hinaus über sich. Nichts darf Ihnen zu unglaublich sein! Spekulieren Sie also, was mich betrifft. Vielleicht bestreiche ich mich mit heißem Gelee. Oder besitze Prothesen. Oder halte mir ein Hündchen im Keller; einen Pudel, der auf die Milde meines Schoßes anspringt. Vielleicht lese ich aber auch nur im Bett. Oder träume.«

Herr B. suchte einen Platz für sein Sektglas. Fast fiel es ihm aus der Hand, so zitterte er. Er fühlte sich krank. Jeder ihrer kurzen Sätze hatte ihm Blut in die Wangen getrieben. Wie leicht sie Grenzen überschritt! Da, wo er zögerte, schien sie zu schweben. Sie war viel begabter als er, sie war viel radikaler. Und klug obendrein. Sie sprühte. Aber gezielt. Sie bewies Stil. Und blieb unbeweglich. Sie vergaß sich. Aber diskret. Sie warf sich fort. Und fing sich wieder. Sie liebte. Aber schwieg. Und so weiter; Frau von C. nahm ihm spielend das Glas aus der Hand, spielend und ohne ein Wort.

Sie stellte es auf eine Sessellehne und bat ihn höflich, jetzt zu gehen. Sie sehe ihn am Montag, zur üblichen Zeit; sein Bändchen habe sie bis dahin gelesen.

»Das heißt, die Kündigung ist aufgehoben?«

»Machen Sie sich keine Gedanken.«

Er wollte ihre Arme ergreifen, um seinen Dank auszudrücken, doch sie entzog sich. Sie wandte sich ihrem Büchertisch zu, sie sagte:

»Verwenden Sie Ihre Kräfte zum Schreiben. Ich erwarte eine Fortsetzung. In vierzehn Tagen.«

»Und der Wunsch, Ihr Zeuge zu sein ... Sie erfüllen ihn?«

Frau von C. schob ihre Hände noch mehr in die Taschen, sie spürte jetzt die Schenkel durch den Samt. Sie ließ sich Zeit mit einer Antwort. Dann sagte sie lächelnd: »Später. Bevor Sie mich eines Tages verlassen.«

»Dann verlasse ich Sie gleich.«

»Wenn Sie das könnten ...«

Und Herr B. schwieg und ging, wie er gekommen war, durch den Garten, während Frau von C. etwas Schlafendes annahm. Sie blieb stehen, wo sie stand, und sah zu, wie das Sektglas von der Lehne herabglitt.

FISCHGESCHICHTE

Es hieß, Herr B. sei arrogant. Er aß an einem separaten Tisch und sprach mit keinem der Gäste; es war sein vierter Urlaub in Brenzone. Er schätzte den Gardasee, wo das Italienische noch gemildert erschien, durch deutsche Umgangsformen und erfrischende Winde. Auch seine Einsamkeit wurde dadurch gemildert. Sie wurde belanglos, so wie die Unterhaltungen um ihn herum, die sich um nichts anderes als das Windsurfen drehten.

B. war ein vorzeitig ergrauter Mann ohne sportlichen Ehrgeiz. Tagsüber saß er auf dem Balkon und verfolgte mit einem Fernglas die in seinen Augen sinnlosen Anstrengungen auf dem Wasser. So kannte er schon sämtliche Manöver des Windsurfens, einschließlich der Kniffe; Sommer für Sommer hatte er vor allem die Frauen studiert. Er genoß ihren Anblick, so wie er die Lektüre eines guten Buches genoß – hin und wieder seufzend, ohne es zu merken. Unter den Gästen erzählte man auch, er sei ein Vikar. Es war ein leises, unschönes Gerede, bis zu dem Tag, als die Frau des bekannten Literaturkritikers W. im Hotel Riva erschien.

Sie war auffallend dünn und wußte sich im Bekanntenkreis nur dadurch zu helfen, daß sie sich selber verhöhnte: als dünne Gattin ihres Mannes. Es war ihr erster Urlaub allein, und sie wollte Fett ansetzen und das Windsurfen lernen; sie wollte auch ihren Mann, dessen vernichtende Kritiken ihr ebenso peinlich waren wie seine schwärmerischen, für eine Weile vergessen. Gleich nach der Ankunft schnitt sie sich die Nägel kurz. Gegen Abend zog sie sich um. In einem Seidenkleid, das ihre spitzen Schulterblätter freigab, erschien sie kurz vor acht im Speisesaal.

Die Kellner waren angewiesen worden, sie zu Herrn B. zu setzen. Es war ein weiterer Versuch, ihn durch Verführung in die große Familie der Surfer zu schleusen. B. löffelte die Tagessuppe, als er Gesellschaft bekam. Die dünne Gattin wünschte Guten Abend und machte dann Mmm... Als hätte sie die Suppe schon gekostet! Er nickte nur und löffelte weiter.

Über den Löffelrand faßte er ihre Lippen ins Auge. Sie zogen ihn an. Und je mehr der ganze Mund ihn anzog, desto mehr befürchtete er, daß sie womöglich Fragen an ihn richten könnte. Doch sie lächelte nur ihrem leeren Teller entgegen. Sie lächelte, als läge ein Geheimnis im Teller.

Ihr Mund, fiel ihm auf, hatte keine gewöhnliche, in die Breite gehende Herzform, sondern verlief fast elliptisch: Unter- und Oberlippe glichen einander. Es war eine verwirrende Symmetrie, es gab kein Oben und Unten. Von dem Mund ging eine zudringliche Intimität aus, so daß B. sich wünschte, sie hielte ihre Serviette davor.

Ein Kellner brachte ihr die Suppe. Sie beugte sich herab, um an der Suppe zu riechen, was ihm Gelegenheit gab, seinen Blick etwas wandern zu lassen. Über kleinen, steifen Brüsten wurde der Ausschnitt des Kleides von einer mehr als faustgroßen Brosche zusammengehalten, in der B. nur einen Riegel wahrnahm. Sie machte wieder Mmm ... und fing an zu löffeln, und er hörte sich mit einem Mal reden. Er sagte ihr leise, daß die Suppe nicht gut sei. Beim besten Willen nicht.

»Es ist eine Gemüsesuppe«, entgegnete die dünne Gattin.

»Deswegen muß sie ja nicht schmecken.«

»Wollen Sie mir den Urlaub verpatzen?«

»Sie sind doch nicht wegen der Suppe gekommen ...«

»Sondern?« fragte sie lebhaft.

»Sie möchten windsurfen. So wie alle, die hier sitzen. Außer mir. Ich will es nicht.«

Die dünne Gattin blies in ihren vollen Löffel. Die Suppe schmeckte wirklich nach nichts. Aber sie hatte sich vorgenommen, ihren Urlaub von Anfang an zu genießen. Und also genoß sie die Suppe. Sie tat, als sei es eine Köstlichkeit, immer wieder ihre Augen schließend, und B. hatte seine Mühe mit ihr. Bot sie sich ihm nicht geradezu an? Der Gedanke nahm ihn so mit, daß er mit den Gabelzinken das Tischtuch beschriftete; selbst als ein Kellner an den Tisch trat und die Brauen hochzog, fiel ihm nicht auf, was er mit steiler Schrift in den Stoff geritzt hatte.

Der Kellner brachte den Hauptgang, zwei Kalbsschnitzelchen mit Blattspinat, und sie flüsterte:

»Lecker ...«

Das war zu viel. B. erhob sich, ohne den Stuhl abzurücken, und stand daher, ein wenig eingeknickt, hart an der Kante des Tisches. Die dünne Gattin sah ihn an. Sie kostete ein Schnitzelchen; kauend hielt sie ihm vor, daß es nicht recht sei, so ein Essen einfach stehen zu lassen. Es sei Kalb, vom Zartesten.

»Mir ist übel.«

»Übel wovon?«

B. spürte nun die Blicke und glaubte seinen Namen zu hören. Er neigte sich zu ihr herüber, sie strich ihre Haare zurück; er sah ihr Ohrloch. Er vertrage kein Fleisch, gab er vor. Er vertrage nur Fisch.

»So empfindlich?«

Kellner steckten jetzt die Köpfe zusammen, und die Gespräche an den Tischen wurden leiser. B. suchte nach Worten. Er spürte, wie er mit jeder Sekunde des Schweigens tiefer in eine Geschichte geriet, die von seinem Leben vollkommen abwich. Er sah auf ihre weißen Hände. Sie kreuzten das Besteck auf dem Teller. Ob es an ihr vielleicht liege, wurde er leise gefragt. Daß sie zu dünn sei, wisse sie selbst. Aber sie werde hier ordentlich essen. Auch ihr sei Fisch am liebsten. Sie könnten ja à la carte essen hier... Forelle und noch mal Forelle.

»Das ist es nicht«, sagte B.

»Was ist es dann?«

Er versuchte mit beiden Kniekehlen den Stuhl weg-zudrücken; er wollte seinen Anblick verändern. Und während der Stuhl hinter ihm langsam kippte und umfiel, gestand er, es seien ihre Lippen. Es war ein weithin hörbares Geständnis, denn der Stuhl war inzwischen gefallen und die Gespräche rings-rum abgerissen. Der ganze Speisesaal schwieg. B. senkte den Kopf. Sein Blick fiel auf das helle Tisch-tuch. Er las, was er geschrieben hatte, und floh davon. Er floh ins Freie, auf den langen Badesteg des Hotels.

Am Ende des Steges, neben gestapelten Surfbrettern und Segeln, saß ein Junge und hielt eine Angel. B. schaute auf den See hinaus. Der See war glatt und schwarz. Er dachte daran abzureisen; er dachte auch daran, sich das Leben zu nehmen, aber erst später. In jedem Fall abreisen! Denn solange sie ihm gegenübersäße, brächte er nichts mehr herunter. Nie hatte er sich heftiger gewünscht, die Lippen einer Frau zu küssen. Nie war es ihm aussichtsloser erschienen. Er starrte auf das weite Wasser. Ab und zu sprang ein Fisch. Man hörte nur das ferne Klatschen; B. wandte sich dem Jungen zu.

Es war kein harmloser Junge, das sah man. Er hatte für sein Alter, zwölf oder dreizehn, überentwickelte Züge, zum Beispiel ein kräftiges Kinn, aber nackt wie ein Ei. Er war die Parodie eines Erwachsenen; als Köder verwendete er lebende Mehlwürmer, die er einer Dose entnahm. B. zwang sich hinzuschauen. Ohne Bewegung im Gesicht zog sie der Junge vom Schwanz her über den Haken, der die Größe einer Büroklammer hatte. Der letzte Mehlwurm wurde durch den Widerhaken aufgetrieben, sein Rumpf hing über die Spitze hinaus und schlug hin und her. Ob dieser Haken nicht zu groß sei, wollte er den Jungen fragen, als von einem der Balkone des Hotels eine Stimme erscholl.

»Bärlein, zu Bett!«.

Der Junge stampfte auf und warf mit pfeifendem Geräusch die Angel aus. Für ein paar Augenblicke war es still, dann klatschten Senkblei und Haken ins Wasser, weit draußen, wie es schien. Und wieder die Stille und plötzlich noch einmal der Ruf.

»Bärlein, zu Bett!«

B. trat etwas dichter an den Jungen heran und hielt sich eine Hand vor den Mund. Die Wut des Jungen amüsierte ihn, doch wollte er die Schadenfreude verbergen. Er durfte ja aufbleiben, solange er wollte, da kümmerte sich niemand mehr. Der Junge guckte ihn jetzt an. Er zupfte an der Angelschnur, er suchte einen Ausweg; die Schnur schien lang zu sein, lang und fest. Und dann kam er mit der Bitte, kurz auf die Angel zu achten, er sei auch gleich wieder da …

»Aber ich kenn mich nicht aus.«

»Wenn der Schwimmer untergeht, hochreißen, hoch.«

»Welcher Schwimmer?«

»Da draußen, der Punkt.«

B. schaute und sah einen grünen Docht auf dem Wasser, ein phosphoreszierendes Stäbchen. »Und du kommst wieder?« fragte er, während die Stimme zum dritten mal rief, jetzt mit Betonung auf Bett.

»Bestimmt«, sagte der Junge.

»Du mußt nicht schlafen gehen?«

»Ich bin nicht müde.«

»Aber du mußt deiner Mutter gehorchen …«

Der Junge schnitt eine Fratze und lenkte das Gespräch auf die Angel zurück. Es sei eine ganz teure Rute und eine ganz teure Schnur. Das halte auch bei einem Riesenfisch. Wenn der Haken richtig sitze.

»Gibt es hier denn Riesenfische?«

»Schon ab und zu.«

»Schon ab und zu ... Und hast du schon eine Freundin?«

»Ich angel lieber.«

»Und möchtest auch keine?«

»Also ich geh jetzt ...«

»Ins Bettchen, wie?«

Der Junge schüttelte den Kopf und rannte dann über den Steg; B. schaute wieder auf den See. Das Wasser war so schwarz und glatt, daß ein Sog davon auszugehen schien. Dieser Sog dämpfte alle Geräusche. Er nahm ihnen jedes Gewicht, und so war es für B. eine Nacht ohne Schall. Er seufzte und ließ sich neben den Surfbrettern nieder, den leuchtenden Schwimmer behielt er im Auge.

Natürlich dachte er an sie. An ihre Zwillingslippen. Was für ein Glück er gehabt hatte, daß sie ausgerechnet zu ihm gesetzt worden war! Und was für ein Unglück hatte sich daraus entwickelt. Es gäbe ja für sie keinen Grund, gerade ihm ihren Mund anzubieten. Andererseits sprach nichts Entscheidendes dagegen. Schließlich war sie alleine verreist. Und so bestand doch die Chance, daß sie es aus Gleichgültigkeit oder Langeweile zuließe; der Schwimmer wurde steil in die Tiefe gezogen. B. riß die Rute nach oben und spürte ein Zerren.

Es war ein Fisch. Die straffgespannte Sehne ging hin und her, die Rute wurde gekrümmt, daß er glaubte, sie breche, er warf den Kopf herum. Hinter dem Balkon, von dem die Stimme herabgetönt hatte, war es nun finster. Wahrscheinlich schlief der Junge schon; es war gegen zehn, die Gartenlampen brannten.

B. grauste es vor dem Fisch mit dem Haken im Maul. Ihm grauste es vor dessen Verletzung; hatte er nicht beigetragen dazu? Durch das Hochreißen der Rute mußten Haken und Widerhaken tief in den Kiefer gedrungen sein. Und er dachte, weg nur, verschwinden, und wollte schon aufstehen, als ihn jemand ansprach von hinten. Es war die Tischnachbarin. Sie fragte ihn leise:

»Gut zum Angeln jetzt, stimmts?«

»Was fängt man hier schon ...«

»Welse.«

»Fängt man hier nie.«

»So; ich dachte.«

»Hier fängt man doch nichts.«

»Ich sehe nur, daß Sie hier nichts fangen.«

Der Fisch hatte sich inzwischen beruhigt. Er schien Kräfte zu sammeln. B. ließ die Angel sinken, die dünne Gattin setzte sich neben ihn auf die Kante des Steges. Ihr Haar war frisch gescheitelt, eine kleine, silberne Pailette glänzte darin, auf ihren Lippen lag jetzt Farbe. Was er bekäme, wenn er nun doch etwas finge ... Ein ganz kleines ...

»Küßchen?«

»In Ehren ...«

»Natürlich in Ehren.«

»Also keinen Kuß ...«

»Würde Sie das glücklich machen?«

Er schwieg, und sie fügte hinzu:

»Vielleicht verhungern Sie sonst.«

In die Rute kam wieder Bewegung, das Gezerre fing wieder an. Die dünne Gattin berührte ihn kurz.

»O Gott, Sie frieren ja ...«

»Ich friere nicht.«

»Aber Sie zittern.«

»Ich zittere nicht.«

»Warum wackelt die Angel?«

»Ich glaube, ein Fisch hat gebissen.«

»Dann ziehen Sie ihn hoch. Vorsichtig aber. Mit Gefühl.«

»Ich bin mir nicht sicher ...«

»Wie schön«, sagte sie und berührte ihn wieder. Wenn er nicht sicher sei, sei er das Gegenteil ihres Mannes. Und sie erwähnte, daß ihr Mann der bekannte Literaturkritiker W. sei; sie selber seine unbekannte dünne Gattin, immerhin Strohwitwe jetzt.

B. spürte nun deutlich den Fisch; er drehte die Rolle, der Fisch hielt dagegen, die Schnur glich einer endlosen Nadel. Natürlich kannte er den Mann. Wer Bücher verkaufte, mußte ihn kennen. Und er dachte sich, daß es unmöglich sei, diesen Menschen zu lieben; aber begehren könnte sie ihn! Daran Gefallen finden, daß er nachts ihren Körper verreißt oder die eine und andere Stelle lobend hervorhebt ...

Ihre magere Schulter stieß an sein Hemd. Es wurde ihm warm auf der Haut, und er sagte: »Ich hab einen riesigen Fisch.«

»So ziehen Sie ihn hoch!«

»Und wenn er oben ist?«

»Dann töten wir ihn.«

»Was heißt das?«

»Wir bringen ihn um.«

»Und weshalb?«

»Weil wir ihn essen. Und das überlebt er wohl nicht.«
Sie löste ihre faustgroße Brosche vom Kleid, der
Ausschnitt sprang ein Stückchen auf. Er sah etwas
intime Haut und fragte sie, was das solle ... Sie zeigte
ihm die Broschennadel. Die war so lang wie ein
Zahnstocher. »Damit spießen wir ihn auf«, sagte sie.
»Sobald er aus dem Wasser guckt. Damit die Schnur
nicht reißt.«

Die sei stark wie ein Draht, erwiderte B. und wandte
außerdem noch ein, daß so was sicher qualvoll wäre
für das Tier ... Doch da hatte sie sich schon flach auf
die Planken gelegt und zum Wasser hinunter gebeugt.
Er sah nur ihr knochiges Kreuz und dann einen
Schimmer. Es war der kämpfende Fisch, ein Ge-
schlinger, wie Sturm aus der Tiefe des Sees, und er
fühlte sich schuldig. Er wollte weg, er wollte heim.
Lieber zu Hause die Wände ansehen als diesen Fisch,
dachte er. Lieber gar nichts als das hier; und fragte
dann plötzlich, was ihr Mann für ein Mensch sei.

»Er ist ein Schwein.«

»Und Sie lieben ihn?«

»Nein, aber ich brauche das Schwein«, rief sie und
griff nach der Schnur, das Wasser spritzte auf. Er
kam. Der Fisch schlug mit dem Schwanz, er schlug
mit dem Kopf. Er zuckte so wild, daß man seine
Gestalt noch nicht ausmachen konnte. Es war ein
tobendes Bündel; das mit einem Mal stillhielt. Der
Kopf sah aus dem Wasser. Das Maul stand weit

offen. Aus einem Auge lief Blut, es schien am Haken zu hängen. Er mußte durch die Kieferwand getrieben worden sein. Doch der Fisch sammelte immer noch Kräfte, das spürte B., das sah er ihm an. In das Maul hätte ein Apfel gepaßt.

Die dünne Gattin zog jetzt an der Schnur, das eine Auge wurde nach innen gezerrt, ein Rasen lief durch das Tier. Es peitschte das Wasser, es schillerte im Schein der Lampen. Als es ganz aus seinem Element war, hielt es zum zweiten Mal still. Der Fisch hing nun da. Er hatte fast Armlänge und einen perlweißen Bauch. In seinen blaugrünen Schuppen gab es rötliche Spritzer. Die Brustflossen waren wie Fächer. Das große Maul klaffte. Das Auge war starr. Aber sah.

»Ein Hecht?« fragte B.

»Eher eine Barbe.«

»Vielleicht ein Lachs ...«

»Ein Lachs? Unmöglich. Eine Forelle.«

»Eine Riesenforelle!«

»Wahrscheinlich.«

»Und nun?«

»Setzen Sie sich auf meine Beine, geben Sie mir Halt!«

Und er setzte sich auf ihre Kniekehlen, sie beugte sich noch weiter zum Wasser. Er sah, wie sie die Broschennadel umbog. Danach holte sie aus. Sie trieb die Nadel in den Fischleib, sie hob ihn an damit. Sie warf das Vieh auf die Planken. Für ein paar Augenblicke blieb es liegen. Dann schlug es wie toll mit dem Schwanz, ja, es sprang. B. ließ sich auf den Rücken fallen. Er zog die Beine an und lag da wie ein Käfer. Der Fisch sprang unberechenbar. Durch die Lücke zwischen seinen Knien sah er, wie die dünne Gattin fest an der Schnur zog. Bis die Schnur wieder straff war, bis das blutige Auge im Fischkopf verschwand. Die Riesenforelle stieß einen Laut aus, ähnlich dem Schreiversuch eines Stummen, und lag danach wieder regungslos da.

»Jetzt muß der Haken aus dem Maul.«

Und B. kam auf allen Vieren gekrochen, in einem Bogen um den Fisch. Er legte eine Hand um die Schnur, sie legte ihre Hand um seine; gemeinsam rissen sie.

Wo das Auge gewesen war, war nun ein Loch. Die dünne Gattin preßte ihm die Hände auf den Leib, und dunkelgrüner Kot trat aus einer Öffnung am unteren Bauch. Das Maul ging auf und zu, ebenso die Kiemen. B. nahm sich zusammen. Er griff um den Rücken des Tieres, er spürte sofort dessen Kraft. Es war ein Auf und Nieder der Muskeln, das ihn beschämte. Wie klein er war, wie häßlich; sein Blick glitt über die Planken. Die waren mit Schuppen übersät, der Haken mit dem Auge dazwischen. Doch Sieger war die Riesenforelle, die immer noch lebte. Sie kotete, sie schlug mit dem Schwanz, Blutblasen zersprangen vor ihrem Maul; das eine Auge starrte, der Unterkiefer schob sich vor. Und es entstand ein verächtlicher Zug. Als wollte die Forelle sagen: Vorwärts ... Ich bin nicht elegant zu töten ... Die dünne Gattin reichte ihm die Brosche.

»Warum ich?« fragte B.

»Sie haben ihn gefangen. Ihr Fisch! Dafür steht Ihnen auch noch ein Kuß zu. Aber erst zustechen.«

Und B. nahm die Brosche, als sei es ein Dolch; sie riet ihm, in den Bauch zu stechen. Er nickte ein paarmal, er sah hinaus auf den See. Am gegenüberliegenden Ufer funkelten auf den Berghängen Lichter. Mal erschienen sie gehäuft, mal als Kette oder vereinzelt, oder wie kleine Milchstraßen auch, so daß man kaum angeben konnte, wo die Lichtpunkte aufhörten und die Sterne begannen. Es war wie eine Kindernacht – unvorstellbar, daß es wieder Tag werden könnte. Ein leichter Windstoß kam von Norden. Und schon leckten ein paar schwache Wellen am Steg. Dann war es wieder still, bis auf das Herzpochen von B.

»Woran denken Sie?« fragte er leise.

»Das möcht ich nicht sagen.«

»Ist es so schlimm?«

»Ekelhaft ist es.«

»Aber die Nacht ist so schön ...«

»Sie ist schwarz, wie der See. Wissen Sie, wie tief dieser See ist? Fast vierhundert Meter. Es ist ein unglaublicher Abgrund. In meinen Augen.«

»Und daran haben Sie gedacht?«

Die dünne Gattin schüttelte den Kopf, B. drückte die Nadel in den glänzenden Bauch. Die Haut gab trichterförmig nach, erst als er kräftig zustach, riß sie. Die Nadel glitt ins Innere des Fisches, Maul und Kiemen klappten auf. Er schien auch jetzt noch Kräfte zu sammeln; er lebte und lebte.

»Aber woran haben Sie dann gedacht?« fragte B. weiter. Sie sah ihn an, sie lächelte.

»Daran, wieviel Scheiße in diesen See passen würde. Das heißt, wieviel Menschen wie lange scheißen müßten, um den Gardasee, sofern er ausgetrocknet wäre, bis an den Rand mit Scheiße zu füllen.«

»Das ist kein schöner Gedanke.«

»Ich hab Sie gewarnt.«

»Und Sie haben es berechnet?«

»Nein. Mich hat nur die Frage beschäftigt. Schlitzen Sie jetzt mit der Nadel. Ein Fisch muß ausgenommen werden, bevor man ihn ißt.«

Und B. stocherte und schlitzte, bis ein pralles Gedärm, das wie Tagliatelle aussah, durch den immer größer werdenden Riß trat. Der Fisch schlug wieder mit dem Schwanz. Die dünne Gattin langte in den Leib. Sie zerrte die Innereien heraus und schüttelte sie von den Fingern; B. ergriff ihre Hand. Er fragte sie, wer sie in Wirklichkeit sei. Schauspielerin?

»Es gibt mich ja gar nicht«, gab sie zur Antwort.

»Aber ich sehe Sie doch. Ich sehe Ihre Lippen ...«

»Sie sehen die Strohwitwe des Kritikers W.; ich selbst bin für den Surfkurs gemeldet. Und Sie?«

»Ich bin nicht für den Surfkurs gemeldet. Wozu auch.«

»Aber wenn Sie kein Surfer sind, was sind Sie dann?«

B. spürte ihre Hand in seinem Haar. Sie entwirrte es zärtlich. Er sei Verkäufer, sagte er.

»Also angestellt. Bei wem?«

»Bei einer Frau. Die mich schneidet.«

»Weil Sie Luft für sie sind. So wie ich Luft für meinen Mann bin. Er atmet mich ein, er atmet mich aus. Er fährt mir über den Kopf im Vorbeigehen und sagt: Alles ist Scheiße, verzeih ... Und wenn ich frage: Was bedeute ich dir? kommt: Du bedeutest mir alles ...«

»Aber der Fisch«, unterbrach B. ihre Rede, »hat damit gar nichts zu tun.«

»Er hat auch nicht gelitten. Er wurde ausgenommen. Ein Fisch muß damit rechnen, daß er ausgenommen wird; ein Mensch muß damit rechnen, daß man ihn kränkt. Er ist dafür geschaffen, beleidigt zu werden; dagegen gehört es zu den Bestimmungen des Fisches, daß er totgemacht wird und verzehrt.«

»Und verzehren wir ihn?«

»Wir werden ihn verzehren«, sagte die dünne Gattin und legte ihre Brosche wieder an. Dann griff sie nach der Riesenforelle. Sie nahm den Fisch, dessen Kiemen immer noch pumpten, in beide Hände und öffnete ihren Mund. Sie schob den schlanken Rücken zwischen ihre Zähne. B. hing mit den Augen an ihr, wie ein Kind, das zum ersten Mal einen nackten Erwachsenen sieht. Er sah, wie sie zubiß, er hörte das Knakken des Fleisches. Die dünne Gattin biß sich vorwärts. Mit den Augen gab sie B. zu verstehen, ihr von der Unterseite des Fisches entgegenzukommen.

Von Norden kam ein neuer Windstoß und gleich darauf ein weiterer. Seine Haare wurden nach hinten gedrückt. Es war einer jener heftigen, jähen Winde, deretwegen die Windsurfer an den Gardasee reisten; vom Hotel drangen Stimmen herüber. Sie drangen B. in die Ohren, aber er nahm sie nicht wahr. Er sah nur ihre Oberlippe über der schimmernden Fischhaut, er sah nicht die Schwanzflosse, die noch hin- und herging. Wenn es nur diesen einen Weg gibt ... dachte er und grub sein Gebiß in den Bauch der Forelle. Er schmeckte Blut und Bitteres, er kaute und schlang und litt unter Gräten. Aber er näherte sich. Der Geruch des Schuppenkleides trat schon zurück hinter dem Geruch ihres Haares, bald trennte ihn nur noch das Rückgrat des verendenden Fisches von ihrem Mund.

Die Stimmen wurden lauter. B. schlang jetzt ohne Rücksicht; daß er ersticken könnte, nahm er in Kauf. Sie schloß die Augen, und er hielt den Atem an. Dann kam ihr Mund, ein Wunder im Gewirr der Gräten. Sie küßten sich so gut es ging. Es war ein Schnappen nacheinander. Bis plötzlich jemand sagte:

»Der Fisch gehört mir.«

Der Junge, dem auch die Angel gehörte – er stand da und guckte. B. sah ihn aus den Augenwinkeln, noch immer seine Lippen an den ihren. Der Junge wich etwas zurück. Er trug einen elastischen Pyjama, und er hatte die Beine gegrätscht. Jammernd wiederholte er:

»Der Fisch gehört mir ...«

Die dünne Gattin löste sich von der Riesenforelle.

»So, warum denn?« rief sie, während B. Fleisch und Gräten auf die Holzplanken spie.

»Weil es meine Angel ist, meine.«

»Ich habe sie aber gehalten.«

»Mein Fisch ...«

»Rotzlöffel.«

Für einen Moment war es still, nur der Wind von

Norden blies. Dann warf B. die angefressene Riesenforelle mit einem Knall auf den Steg, und der Junge
stürzte davon. Er lief auf eine Gruppe von Erwachsenen zu. Die waren alle weiß gekleidet und strebten
zum Wasser. Sie empfingen den Jungen, man ließ ihn
erzählen.

»Und was nun?« fragte B.

»Wir müssen weg.«

»Aber wohin ...«

Die dünne Gattin hob den Rocksaum. Er flatterte
sofort. »Wir haben Glück«, sagte sie. »Der Wind
steht gut. Und bläst auch schön. Und was wir brauchen, liegt da. Sie trauen es sich doch zu ... Sie
müssen.«

B. sah auf die Bretter, die Segel; er fror.

»Ich habe zugeschaut, ja ...«

»Dann eilen Sie sich.«

Und er nahm einen Mastbaum mit Segel und fixierte
ihn auf einem der Bretter, so wie er es hundertmal
beobachtet hatte. Er zurrte und prüfte, die Arme weit
auseinander, geschäftig um sich greifend; er ging vor
wie ein Besitzer, und eine Stimme rief:

»Mein Segel, mein Segel!«

In die weißgekleidete Gruppe kam jetzt Bewegung.
Sie polterte auf den Steg, jemand schwang einen
Federballschläger, eine Stablampe blitzte. Und mit
einem Schrei sprang seine Urlaubsbekanntschaft ins
Wasser; B. mußte handeln. Er nahm Brett und Segel,
er warf beides hinunter, in Wellen, die schon Kronen
hatten. Dann sah er sich um. An der Spitze der
Gruppe lief nun der Junge; ihm folgten zwei Männer

in Trainingsanzügen vor dem eigentlichen Pulk. Es waren all die Gäste, mit denen B. noch nie ein Wort gewechselt hatte. Feinde. Er streckte ihnen die Zunge heraus und ließ sich dann fallen wie ein Taucher. Rückwärts, blindlings, in einen eisigen See.

Die dünne Gattin hatte schon das Brett erreicht. Sie versuchte es ruhig zu halten, B. kraulte wie ein Hund darauf zu. Seine Stunde war gekommen. Frau in Not, er zur Stelle. Es fing zu regnen an. Er hievte sich auf das schwankende Brett und ging sofort auf die Knie; er schaute zum Steg. Einer der Männer im Trainingsanzug griff sich die Angelrute, und der Junge hielt den Fisch in die Höhe. Rufe drangen übers Wasser, auch solche der Abscheu.

B. schlang sich das dicke Seil um die Hände, mit dem der Mastbaum aufgerichtet wird. Und während er mit aller Kraft daran zog, kam er nach und nach auf die Beine. Er lehnte sich gegen die Böen. Wasser floß aus dem Segel. Der Wind fuhr hinein. Das Seil schnitt in die Hände. Doch B. zog und zog. Bis er die Haltestange packen konnte. Bis Mast und Segel standen wie er. Die dünne Gattin zog sich auf das Ende des Brettes. Vom Steg dröhnte eine Stimme herüber. In kurzem Abstand zweimal:

»Wir kriegen euch!«

»Wir kriegen euch!«

B. lehnte sich jetzt weit zurück; er suchte den Wind. Als sich das Segel blähte, schrie er. Das Brett bekam Fahrt. »Wir schaffen es«, rief sie ihm zu, »wir sind unterwegs!«

Daß dies das Glück sei, dachte er und guckte über

seine Schulter. Sie lag halb auf dem Brett, Po und Beine in den Wellen. Auf ihren Wangen glänzte Wasser, ihr Mund war leicht geöffnet. Aus den Augenwinkeln sah er, wie der eine Mann weit mit der Angel ausholte. Dann war ein Sirren in der Luft. Er zog das Segel an, das Brett schoß in die Dunkelheit; da fiel etwas auf seine Brust. Ihm war, als glitte ein Eisstück über die Haut.

Es war der Angelhaken, verfangen im Hemdstoff, und noch lief die Schnur. B. schüttelte sich, der Haken blieb hängen. Das Segel stand nun steil im Wind. Es wurde fast davongerissen, er brauchte beide Hände. Und der Haken schlitzte das Hemd auf und schliff seine Brust, die dünne Gattin rief, »Schneller noch, schneller!«

Und B. rief zurück:

»Eine Frage!«

»Welche?«

»Könnten Sie mich eventuell lieben?«

»Ich kann Sie nicht verstehen!« schrie sie von hinten, im nächsten Augenblick war die Schnur abgelaufen. B. hörte sein Fleisch. Wie es riß. Und glaubte zu verbrennen, als der Haken hineinfuhr. Doch ließ er das Segel nicht locker, sein Gebrüll war wie Gebrüll eines Tieres. Die dünne Gattin aber sah nichts von der straffen Sehne. Sie machte nur Mmm und war voller Leben.

EINE GEISTIGE ÜBUNG

»Ich kann mich nicht natürlich erregen«, erwiderte Z. seinem Besucher, dem Dramatiker A., dessen Stücke schon seit Jahren nicht mehr aufgeführt wurden. Z. existierte als Dichter und wohnte Parterre. In seinen Räumen, war es zu jeder Jahreszeit kalt. Da er kaum Möbel besaß, konnte er sich frei durch die Wohnung bewegen und fror nur im Sitzen. Seine Gedichte, erzählte man, seien beim Hinundhergehen entstanden, und er verbarg sie hinter Tüchern, aus Scham, wie er sagte. Die Wände aller Zimmer, sogar die des Bades, waren mit weißen Tüchern verhängt. So konnte niemand den Umfang seines Schaffens angeben, nicht einmal er selbst.

Sich zu erregen, werde ja überhaupt immer schwieriger, lenkte der unerwartete Besucher ein und strich über eines der Tücher; er fühlte die Wand. Die beiden Künstler gingen Arm in Arm durch die Räume, und jeder wußte dabei, daß die Vertrautheit bloß ein Spielchen war. Aber sie übten sich gerne darin. Als sie wieder in der Diele angelangt waren, löste sich Z. von dem selten gesehenen Kollegen und fragte:

»Was hat dich zu mir geführt?«

Der Dramatiker hob seine Hände ein Stück und ließ sie dann fallen. Er hatte sich an diesem gewittrigen Juniabend elend gefühlt. So elend, daß ihm die Idee gekommen war, Z. zu besuchen, von dessen Gedichten es hieß: Sie seien erlösend! A. mißtraute dem Gerede, er wollte sich selbst überzeugen. Im Grunde wollte er den anderen entlarven. Er lauschte nach draußen. Es hatte wieder zu regnen begonnen. Und als er eben sagen wollte, er sei gekommen, um gute Gedichte zu hören, schellte die Wohnungsklingel.

Die Künstler blickten sich an. Sie zeigten einander, daß sie sich nicht gestört fühlen würden durch die Anwesenheit einer dritten Person. Hinter der Milchglasscheibe ahnte man eine Frau. Z. öffnete und erkannte sofort die Witwe des kürzlich verstorbenen Literaturkritikers W. Sie hielt eine Piccoloflasche Sekt und eine abgepackte Schnittwurst in die Höhe. Sie fragte, »Störe ich?« und strich sich mit der freien Hand durch ihre nassen Haare. Sie hatte ein kleines, rundes Gesicht. Wie aufgeblasen sah es aus.

»Nein, kommen Sie herein«, sagte Z., »es regnet ja auch. Meinen Besucher hier werden Sie kennen, er kam zufällig gerade vorbei; so wie Sie.«

»Aber ich komme absichtlich«, widersprach die Kritikerwitwe, und der Dramatiker schloß sich ihrem Widerspruch an. Z. trat vor eines der Tücher. Er rieb sich seine nassen Hände und spürte etwas Warmes im Nacken. Es war der Atem der Hereingeplatzten, und er fürchtete, sie würde ihn küssen.

»Und mit welcher Absicht?« fragte er.

»Eines Ihrer Gedichte zu hören.«

»Hieß es nicht, ich sei hohl?«

»Das hat mein Mann behauptet.«

Z. wandte sich um. Diese Dame, erklärte A., sei vor einiger Zeit mit ihrem damals noch lebenden Mann hier gewesen, anläßlich eines kleinen Festes.

Sie hätten nur ein paar unschöne Worte gewechselt; und damals sei die Dame dünn gewesen ...

Und jetzt sei sie fett, unterbrach ihn die Kritiker-witwe und fragte, ob er sich entsinnen könne, was da im einzelnen gesagt worden sei.

»O, ja, gewiß. Sie hielten mir vor, daß ich so verhungert aussähe wie Sie.«

»Worauf Sie sagten: Was ich zu mir nehme, fließt alles in meine Gedichte.«

»Die ja niemand zu sehen bekommt, rief dann Ihr Mann. Weil sie wohl genauso hohl sind wie Sie!«

»Das waren seine Worte. Aber ich glaubte ihm nicht. Ich fragte Sie nach der Wirkung Ihrer Gedichte.«

»Und ich antwortete Ihnen: Von allen Übeln erlösend ... und ließ Sie stehen.«

Die Kritikerwitwe nickte ein paarmal und ging dann auf die weit offene Schlafzimmertür zu. Sie ging an A. vorbei, der sich zwinkernd empfahl. Aber Z. stellte sich ihm in den Weg, während die Witwe schon in den Türrahmen trat. Dort blieb sie stehen und versuchte die Wurst aus der Packung zu lösen.

»Also bleiben wir zu dritt«, sagte A., »gut, gut ...«

Für ein paar Augenblicke war es still, nicht mal der Regen war zu hören. Dann fragte Z., »Kann ich helfen?« während sich A. um das Öffnen der Piccoloflasche bewarb. Und schon standen sie bei ihr. Alle drei standen nun auf der Schwelle. Die Kritikerwitwe hielt den Sekt und die Wurst; der Dramatiker machte sich an der Flasche zu schaffen, der Dichter an der Packungsnaht. Und jeder nahm sich Zeit. Es war ein Spiel der Finger, sie schufen eine Situation; sie schufen sie unterderhand, bis man darüber zu schweigen begann.

Die Kritikerwitwe lächelte plötzlich. Sie lächelte in einem fort, und man erkannte, daß sie erst kürzlich angesetzt hatte. Ihr Gesicht war noch von den Falten eines hageren Menschen geprägt, die auf dem zugelegten Polster jetzt wie feine Gitter erschienen. Dann sagte sie, »Wir müssen uns entscheiden.«

»Wofür?« fragte Z.

»Wogegen?« fragte A.

»Mein Verlangen ist Verlangen nach Sprache. Ob zu zweit, ob zu dritt, ich will es in Worten. Ich bin gekommen, um Gedichte aufzunehmen; ich bin auch da, um wiedergutzumachen. Ich suche jedes Opfer meines Mannes auf. Er machte immer nur nieder. Eigentlich verachtete er die Fantasie; ich stelle sie über alles. Also erzählen wir uns was.«

»Ja, erzählen wir uns was«, sagte A. und nahm den Drehverschluß ab, Sekt lief ihm über die Hand. »Man muß der Gelegenheit trotzen. Es lebe das Wort.«

»Eine geistige Übung«, rief Z. und riß die Packung entzwei. Die Wurstscheiben fielen zu Boden, in eine kleine Lache von Sekt. Und die Kritikerwitwe schlug vor, sich zu setzen, um in Ruhe zu essen, um in Ruhe zu sprechen. Sie sank auf die Knie, während die beiden Künstler in eine Hockstellung gingen. Sie lehnten sich am Türrahmen an und sahen, wie die Witwe Schnitte um Schnitte verschlang; das Fläschchen machte die Runde. Und eine Weile geschah nichts außer Essen und Trinken. Jeder schien in

Gedanken. Man hörte den Regen, die Luft war feucht; sie erwärmte sich langsam. Mit einem Mmm ... kommentierte die Witwe das Wohlsein. Dann sagte sie:

»Ja, es ist eine geistige Übung. Zum Beispiel stelle ich mir nicht vor, Ihre Hände tasteten an meinen Beinen entlang, unter dem weiten, nassen Rock ... Das wäre ein Anfang; nur wie ginge es weiter ...«

Z. verschränkte die Arme, er schloß seine Augen. »Die Kritikerwitwe«, sagte er, »schenkte den Vorgängen unter ihrem Rock keine Beachtung. Warum, wollte sie wissen, bin ich wohl gerade jetzt darauf aus, Ihre Gedichte auf mich wirken zu lassen?«

»Ich weiß es nicht«, steuerte der Dramatiker bei.

»Worauf sie leise bemerkte, dann müsse sie ihn eben mit der Nase drauf stoßen«, setzte die kniende Witwe die Erzählung nun fort. »Es sei nämlich so: Seit dem Tod ihres Mannes, esse sie, was sie nur könne. Aus Hunger, nicht um fett zu werden. Doch werde sie fett, weil sie seit der Beerdigung an Verstopfungen leide. Die, wie sie glaube, keine natürlichen Ursachen hätten. Und daher auch nicht auf gewöhnlichem Wege bekämpft werden könnten. Und deshalb ihr Verlangen nach seinen Gedichten. Den Gedichten, die Erlösung brächten. Wie er behauptet habe ...«

Der Dichter griff sich ins Haar. Er sah der Witwe in die Augen, er sagte, Haare raufend, »Schwierig. Denn ich trage meine Gedichte grundsätzlich nicht vor. Und zeige sie auch niemandem. Andererseits will ich nicht unbehilflich sein; nur wie kann ich helfen?

Was kann ich tun? Wie können Sie eines meiner Gedichte aufnehmen, ohne es zu lesen, ohne es zu hören? Schwierig.«

Die Kritikerwitwe formte aus ihrem herabhängenden Haar kleine Würste. Ihre Backen begannen zu zittern. Sie unterdrückte ein Lachen, aber es gelang ihr nicht ganz. Und leise prustend fragte sie, auf welchen Wegen der Mensch etwas aufnehmen könne ...

»Mit den Augen«, sagte A.

»Mit den Ohren«, sagte Z.

»Durch die Nase natürlich.«

»Na und durch den Mund.«

Und A. rief: »Injektion.«

Und Z.: »Nicht zu vergessen, die Haut auch.«

Und die Witwe sagte:

»Rektal.«

Der Regen prasselte jetzt, dabei entstand ein Eindruck von Kindheit bei jedem. Bis der Dramatiker meinte, das gehe zu weit. Ein Gedicht als Suppositorium führe auch mit Worten in einen Abgrund. Denn sei es erst einmal in Sprache gekleidet, bliebe es vielleicht nicht bei den Worten ...

»Aber dem standzuhalten, ist Sinn unserer Übung«, entgegnete Z., und die Kritikerwitwe stimmte ihn zu. Dann schlang sie die letzte Schnitte herunter und faltete ihre Hände im Nacken. Sie leckte sich über die Lippen, sie nahm den Faden wieder auf.

»Damit«, sagte sie, »erhob sich der Dichter. Er ging in die Küche, der Dramatiker und die Kritikerwitwe waren allein. Sie lächelte ihm zu. Es war ein feines, fast gescheites Lächeln, das zu ihrem aufgeschwemmten Körper in scharfem Gegensatz stand; es war auch eine Aufforderung. Unbehagen? flüsterte sie, Angst?«

»Ich bin nur überrascht«, sagte A.

»Und worüber?«

»Über Ihre offenen Worte.«

»Aber warum? Es gibt nichts, was ich nicht in den Mund nehmen würde.«

»Und was bevorzugen Sie?«

»Die Dinge der Liebe«, erwiderte die Kritikerwitwe, und dem Dramatiker trat Schweiß auf die Stirn.«

»Es tut mir leid, ich schwitze nicht.«

»Dann müßte ich blind sein.«

A. griff sich an den Haaransatz. Er spürte ein paar Perlen, und schon wurden es mehr. Und während die Kritikerwitwe fortfuhr, tauschte er Blicke mit Z.

»Alles ist vorbereitet, rief der Dichter beim Betreten des Zimmers und hielt in der einen Hand ein Papierkügelchen und in der anderen einen kleinen Napf. In dem Napf war zerlassenes Fett. Was ist das für ein Kügelchen? wollte der Dramatiker wissen.«

»Es ist das Blatt mit meinem besten Gedicht.« sagte Z. »Ich werde es jetzt in das Bratfett tunken, um es dadurch geschmeidiger zu machen. Ich werde seine Form vollenden.«

»Es artet aus«, rief A.

»So viel Angst vor ein paar Worten? fragte die Kritikerwitwe, und der Dramatiker widersprach. Nicht Angst, meinte er, sondern Respekt. Auch das Wort sei ein Vorgang. Und die Erzählung, die man in Gang gesetzt habe, nehme nicht Rücksicht ...

»Auf wen?«

»Den guten Geschmack.«

Über das kleine, runde Gesicht der Kritikerwitwe ging wieder ein Lächeln; und lächelnd schnitt sie die Dichtung an sich an. Sie habe das Verlangen, mehr über eine Kunst zu erfahren, die sie auf so ungewöhnliche Weise in sich aufnehmen solle. Worüber sie bereit sei zu sprechen. Und zwar mit Vergnügen. Ob das nun Rücksicht nehme auf guten Geschmack oder nicht. Wer Literatur liebe, müsse auch ihre Extreme zulassen. Sie sei nicht wie ihr verstorbener Mann. Keine Spur, Gott sei Dank.

Und Z., der so tat, als hielte er das umstrittene Objekt schon zwischen den Fingern, erwiderte:

»O ja, so ist es. Und wenn Sie sich dann etwas freimachten bitte, finge ich auch gleich damit an, über die Schwierigkeiten des Dichtens zu reden.«

»Warum so gespreizt«, sagte A. und übernahm den Faden. »Die Witwe bückte sich hob ihren Rock, während der Dichter mit seinem Vortrag begann. Die Schwierigkeiten des Dichtens, erklärte er, zeigen sich rasch: sobald es darum geht, sich für ein erstes Wort zu entscheiden, ja für einen Anfangsbuchstaben ... Und damit hielt er inne; seine Augen hingen an der schmucklosen Wäsche der Witwe. Er schob seine Zeigefinger unter das Gummi der Hose und streifte sie langsam herunter, mal links ein Stück, mal rechts ein Stück, bis zu den Kniekehlen. Die Witwe bückte sich tiefer, und ein Anblick entstand. Er sprang in die Augen, er war auch ein Zeichen: Es sprach nur für sich. Und das war zu viel; es war so unerträglich, daß die Künstler darüber zu reden begannen. Was für ein runder Po, sagte der Dichter.«

»Und so hell«, fiel der Dramatiker ein.

»Und weich wahrscheinlich, weich.«

»Und heiß innen, heiß.«

»Und ganz feucht ...«

Und so weiter, bis die Witwe fallen ließ, »Ich warte ...«, und Z. sich aufgefordert fühlte.

»Der Dichter«, sagte er, »holte nun einen Bleistift, auf den er das fertige Poesiezäpfchen spießte. Und während er alles weitere tat, fuhr er mit seinem Vortrag fort. Nicht eines seiner Gedichte, verriet er, bestehe aus mehr Worten als nötig, was zu dem Vorteil eines geringen Papierverbrauchs führe, jedoch den Nachteil dünner Bände mit sich brächte, im Falle einer Publikation. Und solche Büchlein fänden immer nur ein kleines Publikum, eine sogenannte Gemeinde, die keinen Dichter ernährte. Dennoch bleibe er sich treu. Was er empfinde, das bringe er auf kürzeste Formeln. Und am besten sei ihm das in diesem Gedicht hier gelungen ... welches er ihr hiermit widme; und damit zog er den Stift wieder raus. Er ließ ihn fallen und ging zum Fenster, er fragte die Witwe, wie fühlen Sie sich?«

»O, danke, bestens«, antwortete sie. »Denn die Kritikerwitwe empfand, daß sie etwas Außergewöhnliches aufgenommen hatte in sich; sie fühlte eine große Erleichterung nahen und schwieg. Niemand sagte mehr etwas; auch der Dramatiker ging jetzt zum Fenster, in einem Bogen um den Bleistift. Es regnete noch immer. An der Innenscheibe liefen dünne Bäche herab, so feucht und warm war es inzwischen im Zimmer. Man wartete. Mit halbem Auge sah der Dichter auf die Witwe. Sie verzog das Gesicht. Kleine Krämpfe durchquerten sie, in Wellen von oben nach unten. Nur jetzt nicht weiterschweigen, schoß ihr durch den Kopf. Was auch geschähe, es sollte mit Worten geschehen. Und sie fragte nach dem Inhalt des Gedichtes.«

Z. sah vom Boden auf.

»Der Inhalt, der Inhalt ... Sprache, was sonst.«

»Dann frage ich Sie nach der Form.«

»Das Gedicht ist sehr kurz. Mein kürzestes ...«

»Um so einfacher für Sie.«

Und nun mischte sich auch A. wieder ein.

»Warum drängen Sie so?«

»Nicht ich dränge – es drängt. Ich bin in einer peinlichen Lage. Sie vergessen die Wirkung ...«

Z. schüttelte den Kopf.

»Wir hatten eine Abmachung.«

Und die Witwe entgegnete ihm:

»Ich frage ja nicht nach dem Wortlaut. Mich interessiert das Thema.«

»Es käme auf dasselbe hinaus.«

»Dann antworten Sie!«

»Also schön. Es ist ein Einzeiler. Hier in diesem Raum entstanden. An einem Sonntagabend ...«

»Und? Melancholisch? Ein Gesang?«

Das ginge zu weit.«

»Unbestimmt? Sehnsuchtsvoll?«

»Eher.«

»So sagen Sie es, erlösen Sie mich!«

»Es ist nicht mal eine Zeile ...«
»Dann doch ein Hauptsatz ...«
»Wozu ein ganzer Satz ...«
»Aber ein Wort!«
»Keine Silbe.«
»Buchstabe also ...«
Und Z. sagte:
»O«
Aus dem Magen des Dramatikers kam ein Geräusch. Der Dichter rieb sich die Brust. Die Witwe guckte in die Luft. Auf ihren Lippen war Bewegung, die Zunge kam und ging. Die Augäpfel hüpften, in ihren Nasenlöchern pfiff der Atem. Und dann schloß sie die Augen und stieß ein Ja und noch ein Ja aus und sagte: »O Gott, o ... rief die Kritikerwitwe und warf ihren Kopf hin und her, immer wieder das Gedicht aufsagend, und mit jedem neuen Mal bebte ihr Körper, und Blut schoß in die Hinterbacken, so daß sie glühten wie Wangen. Dann wurde aus dem O ein Mmm ... und sie schiß.«
Die beiden Künstler sahen zu Boden. Sie ekelten sich vor der Witwe, die immer noch sprach. Es sei ein langer, aber lautloser Vorgang gewesen, erzählte sie und stand dabei auf. Eine fast galante Art, solche Mengen an Kot zu verlieren, vor der die Literaten erblaßt seien.
»Nein, das ist Unsinn«, rief A.
»Nein, einfach Quatsch«, rief Z.
»Nein, auch ganz schlicht zu viel!«
»Nein, völlig grotesk!«
»Nein, einfach schweinisch auch.«

»Nein, billig vor allem.«

»Und damit unerträglich«, fügte A. noch hinzu, doch da war die Kritikerwitwe schon weg. Sie hatte die Wohnungstür offengelassen, und es zog durch die Räume. Z. wollte aufstehen, um die Tür ins Schloß zu werfen. Er sah den Dramatiker an, er versuchte sich lustig zu machen.

»Ende der Übung«, stellte er fest.

»Und jetzt, was nun?«

Der Dichter zuckte mit den Schultern. Der Dramatiker stieß das leere Sektfläschchen um. Es rollte ein Stück.

»Warum nicht weiterreden?« fragte er.

»Weil wir allein sind.«

»Versuchen wir es ...«

»Ich bin müde.«

»Steigern wir uns hinein ...«

»Ich kann mich nicht natürlich erregen.«

»Riechst du den Haufen?«

»Es zieht nur hier drin.«

Und nach längerem Schweigen:

»Sie ist verrückt, was meinst du?«

»Wahrscheinlich, ja.«

Z. raffte sich auf. Er ging zur Garderobe, er hoffte, ihr Mantel hänge noch dort. Dann besann er sich: Sie hatte gar keinen Mantel getragen. Danach warf er die Wohnungstür zu. Er kehrte zurück und begegnete A. Der Dramatiker hielt sich das Kreuz, der Dichter legte ihm eine Hand auf den Rücken. Und wie vorhin gingen sie Arm in Arm durch die Räume, wie vorhin übten sie sich in der Vertrautheit. Als sie wieder am

74

Ausgangspunkt angelangt waren, löste sich Z. aus der leichten Umarmung und fragte noch einmal:
»Was hat dich zu mir geführt?«
Und A. sagte:
»Ich hatte mich elend gefühlt. Und wollte sehen, was du dichtest. Und hoffte, es seien schlechte Gedichte.«
»Es gibt keine Gedichte.«
»Und hinter den Tüchern?«
»Da ist die Wand.«
»Keine Gedichte ...«
»Doch; eines.«
»Und das ist jetzt weg.«
»O, nein, es müßte in dem Haufen stecken.«
»Dann mußt du es dort suchen!«
»Ja, dann muß ich es dort suchen«, sagte der Dichter und verabschiedete seinen Besucher mit einem Kuß auf die Stirn.

DIE GELDVERLEIHERIN

»Schöne Jacke«, sagte A.

Doch der Jüngling lächelte nur, der Aufzug fuhr an. A. spürte es, so wie man das Glück spürt: Ihm wurde leicht. Die graue Jacke schätzte er auf tausend Mark; er war zu einem Geldverleiher unterwegs.

»Und unbezahlbar, wie?«

Der Jüngling schwieg und strich sein feuchtes Haar zurück, der Aufzug stoppte. Aber niemand stieg zu, es war nach Büroschluß; nur der Geldverleiher, hieß es, wohne auch in dem Hochhaus. A. hatte die Adresse bei einem Empfang für die Künstler der Stadt aufgeschnappt. Er brauchte Geld, denn kein Theater nahm sich seiner Stücke an. Außerdem war Sommer, und man flanierte im Geschmack der Fünfzigerjahre, was ein Spiel war, bei dem er mitspielen wollte; in diesem Sommer verfiel A. der Manie, schön sein zu müssen.

Wieder hielt der Fahrstuhl, jetzt im dreißigsten Stock, der Jüngling lächelte. Dann sagte er leise, wäre sie nicht bezahlbar, besäße er die Jacke wohl kaum, und trat in den Flur.

Die Türen gingen lautlos zu, A. sah an sich herunter. Er trug einen hellgrauen Anzug, der allem, was die Mode verlangte, stumm widersprach. Er hatte ihn gewählt, um auf den Geldverleiher keinen düsteren Eindruck zu machen.

In der obersten Etage gab es gegenüber den Liften nur eine einzige Tür. Die Tür war angelehnt. Er kämmte seine Haare aus der Stirn, er drückte die Tür so weit auf, daß er eintreten konnte. Er kam in einen großen Raum. Er sah Glas und Aluminium, er sah einen schneeweißen Schreibtisch und Sessel streng wie Plastiken; und es gab einen Safe und tropische Pflanzen in Kübeln. Er hatte einen kleinen, angelegten Dschungel vor sich, der an kreuz und quer fixierten Bambusstöcken emporschoß; es fiel ihm schwer, den Blick davon zu lösen. An den Wänden hing nur ein einziges Bild. Es war ein überwiegend rotes Gemälde der Golden Gate Bridge. Und rot war auch ein Vorhang, der das Büro von einem Nebenzimmer trennte, wie es schien. Gegenüber gab es nichts als Fenster; gläserne Wände beschlossen den Raum von zwei Seiten. A. sah die Krümmung des Himmels. Er atmete tief ein, wie jemand, der einen Gipfel erreicht hat, und eine Stimme fragte: »Bist du schon da?«

Es war die Stimme einer Frau, sie mußte hinter dem Safe stehen. Er hatte es mit einer Geldverleiherin zu tun, sie erwartete jemand anderen als ihn. Und A. trat hinter die Pflanzen.

»Bist du gestorben?« rief die Stimme.

Er bog die Fächer des Blattwerks ein Stück auseinander, die Geldverleiherin erschien. Sie hielt Bündel von Banknoten in ihren Händen, sie brachte sie zum Schreibtisch. Dort stapelte sie das kleine Vermögen und summte. Sie summte Sentimental Journey, und er betrachtete sie. Nur seine Augen sahen. Die Geldverleiherin war eine Frau von großer gewöhnlicher Schönheit.

Das Glöckchensignal des Aufzugs erklang, und er blickte zur Tür. Er hörte Schritte, dann die Stimme eines Mannes.

»Da bin ich, Teuerste, da bin ich!«

Die Tür flog auf, und A. sah den Altpräsidenten, der den Empfang gegeben hatte für die Künstler der Stadt. Der Präsident lief zum Schreibtisch. Er nahm die Hand der Geldverleiherin und führte sie an seinen Mund.

»Es war ein schreckliches Warten ...«

»Nicht nur für dich.«

Er gab ihre Hand wieder frei und trat an eine der Fronten aus Glas. Er schaute auf die Stadt herab, während die Geldverleiherin hinter dem Schreibtisch Platz nahm. Sie zündete sich eine Zigarette an. A. sah ihre Nägel, die purpurrot waren und kurz. Sie stieß eine Säule von Rauch in die Luft.

»Und warum kommst du?«

»Weil du etwas hast, was ich brauche. Es hat sich nichts geändert, Marie. Nichts im Prinzip.«

»Damals mein Hintern, heute mein Geld.«

»Wie kannst du so etwas Taktloses sagen ...«

»Indem ich es muß.«

»Marie, wie stolz du noch bist.«

»Stolz und ich.«

»Du ... Ja.«

»Nein.«

»Was heißt Nein?«

»Kein Geld.«

Der Präsident ging zum Schreibtisch zurück. Er war ein hellhäutiger alter Herr mit überraschend schönen

Augen; er mochte Ende Sechzig sein, die Geldverleiherin Anfang Fünfzig. Sie stand auf und schüttelte
den Kopf, ein hochgesteckter Haarbusch löste sich.
Es war ein Pferdeschwanz.

»Nein«, wiederholte sie leise.

»Aber Marie ... Wir brauchen dein Geld.«

»Nein.«

»Nur noch dies eine Mal.«

»Und wofür?«

»Marie, du fragst zu viel.«

»Wofür will ich wissen.«

Der Präsident zog sein Jackett aus.

»Schwer zu erklären«, begann er. »Es muß ein öffentliches Haus errichtet werden. Aber nicht irgendein
Haus, sondern ein echter Komplex, neben der Messe.
Ein Hochhaus nur für die Liebe, ganz ohne Fenster.
Wir wollen das Bahnhofsviertel säubern, es hat sich
scheußlich verändert. Du würdest es nicht wiedererkennen. Es herrscht Inflation. Dreißig ohne Schutz,
das ist gegen die Würde. Überall schossen die Preise
nach oben, dort sind sie gefallen. Wir müssen eingrei-
fen, versteh das, Marie, auch wenn es unserer Phi-
losophie nicht entspricht. Ein Hochhaus nur für die
Lust. Ein funktionierender Markt. Von dir finan-
ziert ...«

A. begann in den Taschen zu wühlen. Er suchte einen
Stift und Papier, er fand nicht mehr als eine Mine; er
probierte sie auf dem Handrücken aus. Die Geldverleiherin fing an zu lachen. Lachend trat sie vor eines
der Fenster; sie guckte auf die Stadt hinunter, so wie
der Präsident zuvor. Ihr Lachen endete in einer Melo-

die. Ganz Paris träumt von der Liebe ... Dann sagte sie:

»Schön; unter einer Bedingung ...«

»Du bekommst acht Prozent.«

»Ich möchte ein Denkmal.«

»Achteinhalb.«

Denkmal, notierte sich A. in die Hand und schrieb ihren Namen darunter, ehe er sah, wie die Geldverleiherin um den Schreibtisch herumging. Sie setzte sich auf die Kante, sie legte ein Knie übers andere.

»Schau ... ich gab Gelder für Plätze, die vorher dem Mob gehört haben. Jetzt gibt es dort Bistros und Brunnen. Dank meiner Fesseln, dank meiner Taille. Oder hast du nicht für meine Schönheit bezahlt?«

»Unsummen.«

»Die ich eisern zurückgelegt habe«, sagte die Geldverleiherin und hob den Kopf. Sie blickte von oben herab in den Raum, sie rauchte, und ihr Blick verlor sich. Die Zigarette zwischen ihren Fingern schien zu schweben; die Finger selbst sahen wie schwerelos aus. Es war mehr als eine Geste: Offenbar gab sie ein Zeichen.

Auf dem Gesicht des Präsidenten lag plötzlich kindlicher Schimmer. Er lächelte und rückte einen der Sessel an den Schreibtisch heran, die Geldverleiherin stellte ihre Füße darauf. Sie legte wieder ein Knie übers andere und sorgte dafür, daß der Volant ihres Kostümrocks genau entlang der Wadenkurve lief. Der Präsident trat ein paar Schritte zurück. Er trat neben die Pflanzen, so dicht, daß A. die Luft anhielt; er nickte und rief:

»Du bist es, Marie!«

»So wie früher!«

»So wie in unserem Versteck.«

»Meinem Apartment über dem Kino.«

»Über dem Turmpalast, richtig; und ich kam immer wann?«

»Du kamst gegen Abend, ich empfing dich im Schlafrock.«

»Es spielte Musik?«

»Doris Day sang für uns.«

»Und unten im Kino ... lief was?«

»Ein Film mit Cowboys und Indianern.«

»Und die Leute vor der Kasse ...«

»Waren arm.«

»Man sah es ihnen an?«

»Sie trugen lächerliche Kleidung.«

»Und wir, Marie, wir?«

»Es war sehr warm in dem Apartment.«

»Richtig, ich besinne mich wieder. Und was geschah bei dieser Wärme?«

»Es kam sofort zu einem Handel. Damals wie heute.«

»Wie heute?«

»Oder geht es jetzt nicht auch um Geld?«

»Es geht immer auch um Geld. Im Geld steckt Leben, was soll man tun ... Es atmet. Wie wir.«

»Es verfällt. Wie meine Brüste.«

»Eine Frage der Anlage, Marie, gar nichts weiter; wie viel gab ich dir jedesmal?«

»Fünfhundert, und ich sagte: Komm ... Komm, knie dich über mich. Und schau mich bitte nicht so an ... Schau mich bitte nicht so an ...«

84

»Himmelherrgott«, rief der Präsident, »hör auf zu singen ...« und hob beschwörend die Hände. Und mit erhobenen Händen ging er langsam und in einem Bogen bis zu dem roten Vorhang, der fest zugezogen war. Er berührte den Stoff, die Geldverleiherin schüttelte sachte den Kopf. Ihre Augen wurden schmal, sie sagte:

»Tu's nicht.«

»Und was spricht dagegen?«

»Fast alles.«

»Also spricht auch was dafür ...«

»Nur der Reiz.«

»Dem wir natürlich widerstehen, Marie«, sagte der Präsident und kehrte an den Schreibtisch zurück. Er schob die Hände in die Taschen, er räusperte sich.

»Ich muß mit dir reden.«

»Über das Denkmal? Ich werde daliegen und lächeln. Es soll ein Denkmal für die Menschen werden. Auf einen öffentlichen Platz gehört ein ordentliches Denkmal. Etwas nach der Natur.«

»Marie, wovon sprichst du?«

»Von blankpoliertem Marmor.«

»Und der soll wo stehen?«

Die Geldverleiherin flüsterte jetzt, der Präsident begann zu husten. Er hustete so laut, daß A. Gelegenheit hatte, unbemerkt Sakko und Hemd auszuziehen; die linke Hand und auch sein linker Unterarm waren vollgeschrieben, er hatte keine andere Wahl. Wollte er festhalten, was seine Fantasie übertraf, blieb ihm nichts als die Haut.

»Das kann doch nicht dein Ernst sein«, stieß der

Präsident, immer noch hustend, hervor. »Auf diesem historischen Platz dein Denkmal; ein Fressen für jeden Japaner. Du auf Millionen Erinnerungsfotos ...«

»Bin ich nicht schön genug mehr?«

»Das ist nicht die Frage.«

»Nicht die Frage für dich«, versetzte die Geldverleiherin und griff nach einer neuen Zigarette. Der Präsident gab ihr Feuer. Sie zog und blies einen Speer aus Rauch über seine weißen Haare hinweg, der sich zu Fahnen teilte. Es waren Fahnen wie die Wölkchen, die draußen den Abend anzeigten. Mehr als die Tageszeit drang nicht durch die Scheiben, weder ob es Herbst war oder Frühling, weder ob Werktag oder Sonntag in den Straßen herrschte. Der Präsident nahm seine Hände aus den Taschen. Er besah sich die Nägel.

»Kaum verändert schaust du aus«, sagte er. »So wie dich alle Welt gekannt hat. Dich und deinen weißen Mercedes.«

»Und heute kennt man mich nicht mehr?«

»Heute wimmelt es von weißen Mercedes.«

»Es ist alles anders geworden, nicht wahr?«

»Alles nicht ...«

»Was ist geblieben?«

»Wir sind geblieben. Wir und die D-Mark.«

»Und unser Liebesspiel.«

»Es findet noch statt?«

»Warum nicht ...«

»O ja, warum nicht«, rief der Präsident und holte aus seinem abgelegten Jackett eine Seidenlarve hervor. Er setzte sie auf, die Geldverleiherin schickte ihm einen

Kuß durch die Luft. Dann hob sie ihren Pferdeschwanz und ließ ihn durch die Finger gleiten.

»Mein Lieber ...«

»Teuerste...«

»Wie geht es dir, wie lange bleibst du heut?«

»Ich muß noch zur Sitzung ...«

»Also eilen wir uns etwas.«

»Sagen wir: Wir sollten nicht bummeln.«

»Schön ... Ich löse meinen Gürtel, der Schlafrock geht auf, ich streife ihn über die Schultern, er gleitet herab, es knistert kurz an meinen Strümpfen. Ich stehe in der Wäsche da. Sie hat einen Pastellton und ist geknüpft wie ein Netz. Die Maschen sind eng; meine Haut scheint durch die Lücken ...«

»Wie spät ist es zu diesem Zeitpunkt?«

»Es ist acht Uhr abends, wie immer, ich bin allein ...«

»Bin ich nicht bei dir?«

»Ich bin allein«, sagte die Geldverleiherin und verließ ihren Platz. Sie ging umher und achtete auf ihre Füße; sie schritt die feinen Schatten ab, welche die Bambusstöcke warfen.

»Vor allem nachts ... Ich habe Nacht für Nacht gebetet. Lieber Gott, gib Geld. Eine Million, und ich wär ausgewandert. Nach Amerika und hätte Eiscreme gegessen; und wär ins Kino gefahren ... mit einem Dodge; und hätte die Wüste gesehen ... Ich machte mir nichts aus Intimitäten. Aber sie kosteten mich auch kaum Überwindung, außerdem war ich geschickt. Und redete allen gut zu und ließ mich selbst mit Worten überschütten ...

Busenschwester, Ruhekissen, Leckmama ... und behielt dabei Stil. Ich war größer als mein Apartment. Tief geschlafen hab ich nie dort; es brannte immer ein Licht. Wenn ich wach wurde, ging ich ans Fenster und rauchte. Oder lief runter und fuhr mit dem Wagen ... vorbei am Frankfurter Hof, die Kaiserstraße hinauf bis zum Bahnhof und über die Mainzer zurück, dann Opernplatz, Hauptwache und wieder Frankfurter Hof, und wenn jemand zustieg, zu mir. Dort gab ich, was fehlte, auch jedes Getue, und löste aus, was gefragt war, Ekel sogar. Kaum einer wußte mehr, was Ekel war damals. Ich ja. Ich wußte es. Küssen war schlimmer als Schlucken, von hinten wars mir lieber als von vorn, heiraten wollten mich alle, gegangen ist jeder. Und danach mein Gebet. Lieber Gott, o, gib Geld, und wieder das Fenster; ich rauchte und hatte Musik und stand an der Heizung, mein innerstes Gefühl schied ich aus, dabei ist es geblieben ... Was nicht ging, war die Lust; zwischen den Beinen ein Kropf, der sich hielt. Es selber zu machen, entfiel, wozu auch, ich würde gar nichts gewinnen, mir wäre nicht mal elend danach; da, wo ich bin, vergißt man sich selber. Meine Pflanzen machen mir Freude. Ich lese über Pflanzenhaltung mehr als über Bankgeschäfte. Ich muß mich nicht selbst überwinden, dazu gehören zwei. Selbst ist der Spinner; um mich umzubringen, bin ich zu einsam; und meinen Mörder habe ich verpaßt.

Seitdem vergeht die Zeit kaum mehr; meine Spiegel sind mit Tüchern verhängt. Natürlich hoffe ich das Beste für mich. Ich frühstücke gut. Und sich mit

Geld befassen, macht Spaß. Das Geld hat mich noch nie enttäuscht; die Liebe ist nicht mehr das Wichtigste in meinem Leben. Ich suche sie nicht mehr. Zur Automobilmesse war ich das letzte Mal unten, es hat mich niemand erkannt, und auch mir fiel kein Mensch auf; die neuen Mercedes sahen aus wie Panzer. Ich kaufte Samen in der Stadt und fuhr wieder nach oben, ich tat immer, was notwendig war. Ich schämte mich nie. Zur Scham gehören zwei; manchmal wollte ich ein Kind, jetzt denke ich nicht mehr daran. Es täte mir weh. Und wozu soll ich mir wehtun.

Wozu!

Meinen Wunden gehts gut, ich nehme täglich ein Bad. Die Wanne ist mein Paradies, ich sprech mit meinen beiden Knien; so sind wir zu dritt, Abend für Abend, eine kleine Familie ... Eins, zwei, drei ... Und alles vorbei, jeder hat seine Freiheit; ich flirte mit dem Badeschwamm, ich wringe ihn aus über meinem Gesicht, hundertmal, wenns mir gefällt, und sage Schau ... mich bitte nicht so an ... und für sich ... bin ich zu frieden.

Restlos.

Glücklich ist man ja nie, aber wir streiten uns nicht, meine Spiegel sind mit Tüchern verhängt, das sagte ich schon, es gibt keine Probleme mit mir, ich mache mich so schön es geht nach dem Bad ... Bin ich allein ... Und stehe in der Wäsche da, sie hat einen Pastellton, ist geknüpft wie ein Netz, die Maschen sind eng; meine Haut scheint durch die Lükken ...«

»Wie spät ist es zu diesem Zeitpunkt?«

»Es ist acht Uhr abends, wie immer, du bist in Eile.«

»Weil deine Rede so lang war; wo muß ich hin?«

»Eine Nachtsitzung deiner Fraktion; danke fürs Zuhören.«

»Du führst nur noch Klagen; und ich komme woher?«

»Von einer Vorstandsbesprechung; die Rede war nüchtern.«

»Und unten wartet? Sie war emotional; und etwas länger als sonst.«

»Dein schwarzer Dreihunderter, du steht vor dem Kino; sie war wie immer.«

»Vor dem Kino ... Was zeigt man?«

»Einen Cowboyfilm mit Indianern.«

»Und die Leute, die aus der Vorstellung kommen?«

»Schauen deinen Wagen an.«

»Es kam zu Übergriffen?«

»Natürlich nicht.«

»Und meine Hand, Marie?«

»Streichelte meinen Po.«

»Richtig ... Richtig, ich besinne mich wieder; und wahrscheinlich klopfte mein Herz, es taugte noch nie was; und trotzdem kam ich zu dir, ich konnte nicht anders, ich schlich mich, ich kroch, ich mußte dich sehen, Marie, und als ich zum Wagen zurückkam, war da schon wieder der Stachel ... Die Mädels vorm Kino, die Pferdeschwänze, die Spangen, ihr weißer Lippenstift, die Schottenröcke ... Aber sprechen wir nicht von dem Bandwurm, Marie, der Begierde, spre-

chen wir lieber ... von deinem Arsch. Wie geschmei-
dig die Haut war ...«

»Ist sie es nicht mehr?«

Der Präsident hob eine Hand und ließ sie fallen. Er
wollte etwas sagen, doch fehlten die Worte. Eine
Wimper löste sich und fiel ihm ins Auge. Er wollte sie
entfernen, sie entglitt und kam unter das Lid; und die
Geldverleiherin nahm seinen Kopf. Sie stippte nach
dem kleinen Haar, der Präsident verdrehte den Blick.
Sie zeigte ihm die helle Wimper, und er begann zu
reden.

»Nichts bleibt«, sagte er. »Alles ist doch ganz anders
geworden, alles ...

Es wimmelt jetzt von schwarzen Mercedes, ein
schwarzer Dreihunderter ist gar nichts, Marie, und
die Huren heißen Sonja oder Karin, niemanden
schert es, wenn eine umkommt, man weiß gar nicht,
wie viele es sind. Unzählige Frauen kleiden sich heute
wie Huren, unzählige Männer laufen wie Zuhälter
rum, Abgeordnete in Nietenhosen, Banklehrlinge wie
englische Herren; die Unterschiede sind verlorenge-
gangen, das Vergnügen am Leben; Marie ...

Du würdest nichts wiedererkennen. Es gibt keine
Viertel mehr, nur noch Zonen. Mit Brunnen wie
gesprengte Bunker. Mit Bänken wie elektrische
Stühle. Mit Läden wie Puffs. Über Schlüpferbergen
die Lippen der Monroe, neben Regenhäuten die Augen der Bergman, hinter Hausschuhen Fred Astaire.
Und vor den Läden ein Schuß Süden. Kübel voll
Hemden im Nebel, Betonmaler mit amtlichem Segen,
dann Bäumchen natürlich, junge Ulmen an Krücken,

Schrägen für die Rollstuhlfahrer, Nischen für die Bürgerschrecks, Parkhäuser wie Kathedralen, voll mit geputzten Jeeps, je mehr Straßen wir bauen, je mehr Geländefahrzeuge gibt es, und in der Kaufhausfront ein Mauerrest mit Tafel, Marie ... Ich war nie radikal, aber Augen sind Augen, was soll ich noch sagen ...«

»Daß du für all das nichts kannst.«

»Weil es das Werk der Straße ist. Instinkte haben gesiegt, nicht unser Wille. Es gibt keinen Stil mehr, alles ist gleich ... Trage ich grauen Flanell, nehme ich nur am Karneval teil. Es ist das Ende, Marie, die Straße hat uns erledigt. Aus. Ich mag nicht mehr runter.«

»Wie geht es den Kindern?«

»Meine Töchter ... sind läufig.«

»Wie oft du mir früher erzählt hast von ihnen.«

»Sie wuchsen; nichts bleibt.«

»Ich denke, wir ... Nebenbei: Deine Rede war auch lang.«

»Gibt es uns wirklich noch? Sie war nur langsamer gesprochen.«

»Es gibt uns«, sagte die Geldverleiherin, »solange, wie wir reden, ja«, und ging zum Schreibtisch zurück. Sie setzte sich erneut auf die Kante, sie rauchte, und ihr Blick verlor sich. Die erhobene Hand mit der Zigarette schien jetzt wieder zu schweben. Es war ihr Zeichen, und der Präsident begann sachte zu nicken. Seine Züge wurden weich, seine Stimme klang kindlich.

»O, ja, Marie, ja ...

Es gibt dich, du bist es.
Die alte.«
»Die Lebedame, wie es hieß.«
»Und deine Gäste nannte man?«
»Die Prominenz. Ich erleichterte sie alle; die meisten ließen sich täuschen. Ich leitete ihren weißen Samen an mir vorbei. Ich hatte immer ein Händchen ... Es war die Zeit vor dem Kleenex.«
»Wir füllten deine Hand, ich erinnere mich; du hast uns ausgeblutet. Und tust es wieder. Du verlangst zu viel für dein Geld.«
»Ich verlange ein Denkmal.«
»Neun Prozent, mein letztes Wort.«
»Und ich wünsche, daß nichts darauf steht als mein Name.«
»Sprich ihn nicht aus!«
Die Geldverleiherin schwieg, der Präsident umschlang ihre Fesseln. Er liebkoste sie eine Zeitlang, so daß A. einiges nachtragen konnte. Er notierte sich jetzt auf dem Bauch, in kleiner, deutlicher Schrift. Erst ein Geräusch ließ ihn aufschauen. Es war das Haar der Geldverleiherin. Sie kämmte ihren Pferdeschwanz. Anschließend sagte sie:
»Angst gehabt hast du. Vor meinem Namen.«
»So wie du. Vor dem Ernst.«
»Ich mag ihn nicht, das ist alles.«
»Er gehört nicht dazu?«
»Dazu schon.«
»Dann sollten wir jetzt nach nebenan gehen; oder wenigstens schauen ...«
»Nein.«

»Und warum nicht? Weil du Angst hast.«

»Ich fürchte mich höchstens. Ich fürchte mich vor deinesgleichen.«

»Und das heißt was?«

»Marie, du ruinierst mich ... Marie, du ruinierst uns alle ... Wenn du dich erinnern magst. Ich hatte immer Cocktails vorbereitet. Gegen den Katzenjammer danach. Marie, die Futt, Marie, das Grab. Hätte ich mich nicht zurückgezogen, säße ich heute nicht hier.«

»Was willst du damit sagen?«

»Ich wäre tot.«

»Marie, ich bitte dich ...«

»Verwest und berühmt.«

»Hör damit auf!«

»Was hast du?«

»Das Herz, ich...«

»Schmerzen?«

»Krämpfe.«

»Wo?«

»Da ... Sind meine Lippen blau?«

»Nicht die Spur.«

»Und mein Gesicht? Grau ...«

»Du arbeitest zu viel.«

»Ich schwitze kalten Schweiß.«

»Tust viel zu viel für andere; dein Puls ist normal.«

»Zu schnell ...«

»Dann leg dich vorsichtshalber.«

Und der Altpräsident kroch auf den Schreibtisch. Er legte sich flach, die Geldverleiherin knöpfte sein Hemd auf.

»Verlaß mich nicht«, flüsterte er.

»Ich bin doch da.«

»Dann erzähl ... von früher.«

»Wir waren wild ... Wir starrten uns an, bis wir zu keuchen begannen.«

»Das sagst du nur so.«

Der Präsident atmete schwer, die Geldverleiherin legte ihm eine Hand auf die Brust. Sie warf den Kopf zurück und summte wieder Sentimental Journey, und A. vermerkte es über dem Zwerchfell: Sentimental Journey. Danach ließ er die Hose fallen, um auf den Schenkeln zu schreiben. Er kniete sich hin, er sah den Präsidenten beben.

»Marie, unser Lied ...«

Und die Geldverleiherin sang.

»Daa, da dii, da di, da di, da di, daa ...«

Sie sang und zog ihre Brauen zusammen, der Präsident schloß die Augen.

»Stell es doch lauter«, bat er.

»Daß man es hören kann unten?«

»Stehen denn Leute vorm Kino?«

»Eine Schlange vor der Kasse.«

»Und was für Leute, welche?«

»Proleten.«

»Sie schlagen sich um Karten?«

»Es schaut so aus.«

»Abscheulich, so ein Handgemenge, gräßlich; und wo ist meine Hand?«

»In meinem Po. Ich spüre einen Finger.«

»Einen Finger ... Wie mir das entfallen konnte, lustig nicht?«

»Es ist der Finger, an dem du den Ehering trägst.«

»Ja, richtig, ja, natürlich ... Und wie spät ist es zu diesem Zeitpunkt?«

»Gegen halb neun, wir stehen am Fenster.«

»Und sehen was?«

»Daß es regnet. Und die Leute deinen Wagen anstarren; sie haben rote Nasen und nasses Haar.«

»Wir machen Witze über sie?«

»Wir schütten uns aus.«

Der Präsident hob schützend die Hände. Dann rief er: »Teuerste, nein ... Das geht zu weit, das geht nicht. Man kann sie für ihre roten Nasen nicht verantwortlich machen.«

Die Geldverleiherin biß sich ein Häutchen vom Finger. »Weich bist du geworden«, sagte sie.

»Nur älter, Marie, etwas müder; wem schadet denn ein bißchen Mitleid, wem?«

»Ich fange an, dich zu verachten.«

»Das kannst du dir nicht leisten, Marie. Dazu bist du zu einsam. Es wäre sehr unklug, mich zu verachten.«

»Und was geschieht ohne mein Geld? Es wird kein öffentliches Freudenhochhaus geben ohne mein Geld.«

»Du kriegst dein Denkmal auf dem Römer.«

»Mit meinem Namen?«

»Dein Name würde keine Mehrheit finden.«

»Demokrat.«

»Gott, warum nicht?«

»Feigling.«

»Marie ...«

»Denk an dein Herz.«

»Komm, Marie, komm ...«

»Du bettelst.«

»Ich habe immer gebettelt bei dir.«

»Aber heute bettelst du nur noch um Geld.«

»Das kann man nicht sagen ...«

»Und was kann man sagen?«

»Was kann man sagen ... Daß auch noch Liebe im Spiel ist.«

»Wieviel?«

»Nun ... so ein öffentliches Haus erfordert Summen.«

»Du darfst dich bedienen. Was auf dem Tisch liegt.«

»Ich kann mir alles nehmen?«

»Soviel, wie ich dir bedeute.«

»Du überforderst mich.«

»Nimm; nimm, und sag, wie sehr du mich liebst. Aber sag es, ohne eine Zahl zu verwenden.«

»Wär es nicht einfacher, dich in die Arme zu schließen?«

»Das wäre es nicht.«

»Ich kann es versuchen ...«

»Laß das ...«, sagte die Geldverleiherin traurig. »Zwei, drei Worte genügen.«

»Was soll ich sagen, meine Liebe ... ist wie ein Vulkan.«

»Ein kindischer Vergleich.«

»Marie, was willst du, ich ...«

»Wie sehr du mich liebst, war die Frage.«

»Wie ein gewaltiger Vulkan.«

»Lauter.«

»Wie Krakatau«, rief der Altpräsident.

»Lauter.«

»Man würde mich hören ...«

»Schrei es«, flüsterte die Geldverleiherin.

»Ich kann hier nicht ...«

»Wer sollte dich hören, die Leute vorm Kino?«

»Sie stehen noch da?«

»Sie starren hinauf.«

»Wie schauen sie aus?«

»Arm und dumm. Selbst wenn sie uns hörten, sie würden alles mißdeuten. Schreie ließen sie an Ehekrach denken, im Leben nie an die Liebe; Gebrüll an ein Verbrechen, im Leben nie an die Lust. Also brüll!«

Und der Altpräsident brüllte. Brüllend bäumte er sich auf, aus seinem Mund traten Bläschen. Dann fiel er keuchend zurück, die Hände auf die Brust gepreßt, und zuckte. Die Geldverleiherin beugte sich zu ihm.

»Alles wird gut«, sagte sie.

»Mein Herz ...«

»Schscht.«

»Eine Thrombose ...«

»Ein Thromböschen.«

»Man will mich vernichten.«

»Alles wird gut.«

»Ein Infarkt.«

»Wie dir der Schweiß läuft ...«

»Ein Infarkt!«

»Ein Infarkt«, wiederholte die Geldverleiherin, »mein Gott, ein Infarkt«, und schlug die Hände zusammen. »So ein Unglück ... Was für blaue Lippen du hast ...«

»Es waren die letzten Wochen ...«

»Nicht sprechen jetzt.«

»Die Anstrengung.«

»Pschscht.«

»Muß ich sterben, Marie?«

»Ich weiß es nicht, nein ...«

»Ich muß sterben.«

»So wie jeder.«

»Aber nicht jetzt schon ...«

»Beruhige dich, Ruhe.«

»Und was geschieht dann?«

»Nichts mehr, gar nichts«, sagte die Geldverleiherin, und der Präsident verkrallte sich in ihr Kostüm und stieß seine Angst aus. Es waren Laute, die auf so furchtbare Weise das Menschliche in ihm verrieten, daß A. es nicht länger mitanhören konnte. Entblößt wie er war, brach er zwischen den Pflanzen hindurch und rief:

»Ich will helfen, nur helfen!«

Danach war es still, wie unter Wasser. Der Präsident zog seine Beine an. Die Füße gingen auf und nieder. Die Geldverleiherin hielt sich den Mund zu. Sekunden verstrichen bis sie einen Ton von sich gab. Als träfen Gabelspitzen auf Porzellan. A. spannte alle Muskeln an, die Geldverleiherin hob eine Hand. Sie hieß ihn stehenzubleiben. Dann fragte sie leise, was er hier suche, während der Präsident aus seiner

Krümmung herausfand. Er richtete sich etwas auf, seine Seidenlarve zitterte wie das Fell eines Tieres.

»Ich suche nichts«, sagte A.

»Und wie haben Sie sich Zutritt verschafft?«

»Die Tür war angelehnt.«

»Und Sie wollten wohin?«

»Ich wollte Geld ...«

»Sie, Sie ...« rief jetzt der Präsident. »Was sind das überhaupt für Zeichen da auf Ihrem Körper, wie erscheinen Sie hier überhaupt; kennen wir uns?«

A. bejahte die Frage, und der Präsident gab sich Haltung, indem er mit zwei Fingern ein Lorgnon bildete.

»Ich kenne Sie nicht.«

»Aber ich Sie. Ich war auf Ihrem Empfang für die Künstler der Stadt. Vorige Woche. Ich hörte dort von der Adresse hier; Sie gaben mir sogar die Hand.«

»Ich besinne mich nicht; Sie sind Künstler?«

»Ich schreibe.«

»Das sieht man; und brauchen Papier?«

A. wechselte das Standbein, er verschränkte die Arme. »Ich habe mitgeschrieben, was hier gesagt worden ist.«

Der Präsident strich sich über die Nase; er stieß in kurzen Schüben Luft aus, er sagte:

»Armes Schwein, Sie armes.«

»Wieso, ich war Zeuge; und bin es noch immer.«

»Zeuge von was? Eines Skandales? Haben Sie sich eingebildet, Zeuge eines Skandales zu sein? Sie haben.«

»Ich habe mitgeschrieben, was hier ...«

»Umsonst besudelt; armes Schwein.«

A. wies auf Schenkel und Rippen, auf seinen Bauch, seine Brust. »Alles Ihre Worte«, rief er, und die Geldverleiherin nickte. Sie nickte und überschüttete ihn mit einem Gelächter, daß ihm die Ohren zugingen. Wie von ferne hörte er:

»Es war nichts als ein Spiel.«

»Sie können sagen, was Sie wollen.«

»O, ja, das kann ich. Zum Beispiel: Trallala.«

»Ja, oder: Trullala ...« alberte der Präsident, und A. ging auf den Vorhang zu. Die Geldverleiherin griff sich ins Haar. Sie hob den Pferdeschwanz.

»Wohin wollen Sie?«

»Spielen Sie doch weiter ...«

»Bleiben Sie stehen.«

»Wenn es Ihnen etwas bedeutet ...«

»Es ist eine Bitte.«

Und A. blieb stehen. Er drehte sich um, er schaute zum Schreibtisch, den Vorhang im Rücken. Die Geldverleiherin rauchte. Der Altpräsident knöpfte sein Hemd zu. »Schauen Sie«, lenkte er ein, »keiner bezweifelt, was Sie gesehen und gehört haben, unser ganzes Spiel offenbar; ich hoffe, es hat Ihnen Vergnügen bereitet.«

»Was für ein Spiel?«

»Ein Spiel um Liebe, Tod und Geld. Wir spielen es einmal im Monat; wollten Sie mitspielen?«

»Ich bin gekommen, um mir Geld zu leihen.«

»Und sind dann etwas neugierig geworden«, fiel ihm die Geldverleiherin ins Wort.

»Was ja nicht ungewöhnlich ist für einen Literaten«,

fügte der Präsident rasch hinzu. »Ebensowenig wie finanzielle Probleme. An welche Summe dachten Sie?«
A. zuckte mit den Schultern.
»Sie wissen es nicht; aber Sie glauben zu wissen, was das hier zu bedeuten hat, oder nein?«
»Sie wollten Geld von der Dame, und die Dame wollte dafür Liebesbeweise von Ihnen, weswegen Sie dann einen Herzinfarkt bekamen. Fast.«
Der Präsident sah an die Decke. Er warf den Kopf zurück und schloß die Augen, als näme er ein Sonnenbad. »Einen Herzinfarkt«, rief er und trommelte dabei auf die Tischplatte, so daß die Geldbündel zu tanzen begannen.
»Einen Herzinfarkt, mein Gott, herrlich!«
»Ja, wirklich, herrlich«, stimmte die Geldverleiherin zu und stieß die Zigarette aus. Sie hob ihren Pferdeschwanz wieder an, sie schaufelte ihn in die Stirn. Und mit erhobenen Armen, beide Hände im Haar, sagte sie: »Schön und gut ... Wir haben über Geld geredet, freilich; denn Geld ist ja ein Teil unseres Spieles, so wie der Tod; es ist genauso idiotisch.«
»Wenn man genug davon hat.«
»Wenn man genug davon hat ...«, äffte der Präsident A.'s Unterton nach. »Was für ein Kurzschluß! Sie werden viel zu sehr von gesellschaftlichem Denken beherrscht. Sie haben keine Zeit im Rücken, also diskutieren Sie das Leben. Aber das Leben ist indiskutabel; es ist völlig idiotisch, nicht wahr, daß man sterben muß irgendwann, gut, meinetwegen, dann spielen wir Sterben, um der Idiotie zu begegnen. Idiotisch am Leben ist aber auch immer wieder das

Geld, ohne das das Leben gar nicht lebenswert genug und am Ende so erfüllt wäre, daß man in dem Gefühl sterben könnte, es, sagen wir: genossen zu haben, also spielen wir mit Geld. Und idiotisch im Leben und am Leben ist zweifelsohne die Liebe, die sowohl mit Geld wie auch ohne Geld alles versüßen oder grausam machen kann, folglich spielen wir mit Liebe, nicht wahr, mit Erinnerungen, wenn Sie gestatten; und am alleridiotischsten, na, ist die Eitelkeit, ja, also reden wir über uns selbst oder den Bau eines Denkmals oder verhöhnen die Zeit, der Fantasie sind keine Schranken gesetzt.

Das ist die ganze Wahrheit. Nur leider steht das nicht auf Ihrem Körper; es steht auf einem anderen Blatt. Auf Ihrem Körper da steht nur Geschmiere, schade um Ihre ehrliche Haut; falls Sie das Bad benützen wollen ...«

»Das will ich nicht. Vielen Dank.«

»Keine Ursache; sonst einen Wunsch?«

Und A. fragte:

»Was ist hinter dem Vorhang?«

»Sie unterstehen sich!«

»Ich möchte es wissen.«

»Wenn das sein Wunsch ist ...«

»Nein. Nein wozu.«

A. fragte noch einmal, die Geldverleiherin rückte den Banknotenstapel wieder zurecht. Dann zwang sie sich zu einem anderen Ton.

»Was soll dort sein? Ein Nebenraum ...«

»Also nichts?«

»Wenn Sie so wollen ...«

Und er drehte sich auf dem Absatz herum. Er öffnete
den Vorhang, nur einen Daumen breit, die Geldverleiherin warf einen Schuh. Der Schuh verfehlte seinen
Kopf.

»Was für ein Wirbel«, rief der Präsident.

»So tu doch auch was, tu was,« rief die Geldverleiherin.

Doch der Altpräsident rührte sich nicht; die Seidenlarve wogte über seinen Wangen. Er starrte auf A.,
der einen Blick durch den Spalt warf: und noch im
gleichen Augenblick die Hand, die den Vorhang berührte, zurückzog. Er drehte sich wieder herum, er
fuhr mit den Fingerkuppen an den Zähnen entlang;
die Geldverleiherin verließ ihren Platz. Sie hatte die
Hände geballt, so fest, daß ihre Knöchel glänzten. Sie
hob einen Fuß und begann, auf einem Bein, kleine
Sprünge zu machen, als seien noch immer Schatten-
gitter auf dem Boden. Sie hüpfte kreuz und quer, bis
in die Nähe von A.; dort blieb sie stehen, den erhobenen Fuß in der Hand.

»Sie kennen das Spiel?«

»Nein.«

»Es heißt Himmel und Erde.«

»Ach so.«

»Man darf nicht übertreten.«

»Was?«

»Die Felder.«

»Ich sehe keine Felder.«

»Weil Sie blind sind.«

»Es gibt keine Felder. Es ist ein Boden ohne Muster.
Ich laß mich nicht täuschen.«

»Sie lassen sich wunderbar täuschen. Weil Sie blind sind. Und jung.«

Die Geldverleiherin schwankte, und A. bot ihr Halt. Sie stützte sich an seiner Schulter, er roch ihr Haar und spürte die Hand; er hörte sie flüstern.

»Hier sehen Sie nichts ... Und am Vorhang eben haben Sie auch nichts gesehen.«

Er schwieg und lächelte, fast wie der Jüngling mit der schönen Jacke, und die Geldverleiherin berührte für einen Moment seine Lippen.

»Zehntausend?« fragte sie. »Wäre Ihnen damit geholfen?«

»Also wird hier doch nicht gespielt.«

»Ja oder nein?«

»Warum gerade Zehntausend?«

»Weil Sie so ausschauen. Nach einem Kleinkredit.«

Sie löste sich von ihm und kehrte zum Schreibtisch zurück, der Präsident nahm eines der Geldbündel und zählte es nach. Er murmelte halblaut und sagte dann:

»Was kann man noch mehr wollen?«

»Daß Sie die Larve abnehmen.«

»Daß ich die Larve abnehme ...«

Und er zog sich die Larve vom Kopf und warf sie zu Boden. Dann legte er der Geldverleiherin eine Hand auf den Arm.

»Teuerste, was denkst du, hat unser Künstler unter der Maske vermutet?«

»Dein wahres Gesicht, nehme ich an.«

»Armes Schwein.«

»Ja ... Armes Schwein.«

Die Geldverleiherin seufzte und griff nach dem Geld. Sie nahm das nachgezählte Bündel, sie wedelte damit.

»Welche Sicherheiten bieten Sie mir?«

»Mich; ich kann schreiben; ich bin Theatermann.«

»Was heißt das: Sie können schreiben?«

»Daß ich schreiben kann, was ich will. Eine Komödie über das hier, ein Trauerspiel; es läßt sich alles sagen.«

»Oder verschweigen.«

»Oder verschweigen; wollen Sie noch mehr Sicherheiten?

Ich hab einen Namen.«

»Den habe ich auch.«

»Ich weiß, ich kenne ihn. Ich weiß, wer Sie sind. Die einzige berühmte Hure, die unser Land hervorgebracht hat. Vor X Jahren ermordet.«

»Ermordet ...«

»Ich glaube, erwürgt.«

»Erwürgt, Marie, was für ein scheußlicher Tod«, rief der Altpräsident, und die Geldverleiherin warf das Notenbündel neben die Larve.

»Kann ich Sie hiermit überzeugen, daß ich lebe?«

A. nahm die Hände auf den Rücken; er spürte daß ihm der Schweiß lief. Er sah auf das Geld und die Larve, er sagte:

»Nein.«

»Was wollen Sie noch ...«

A. hob die Larve auf. Er spielte damit, er guckte hindurch; der Schweiß rann ihm hinter den Ohren,

Perlen liefen ihm über die Brust, sein Bauch begann zu glänzen. Es kostete ihn Kraft, der Dumme zu sein. Er sah, wie das Schriftbild verschwamm.

»Ich wollte nur Geld«, sagte er. »Ich habe kein Interesse an Ihnen. Was sich ergab, ergab sich aus Zufall. Doch es kam etwas hinzu. Der kurze Blick durch Ihren Vorhang. Tut mir leid...«

Der Präsident winkte ab. Er schien jetzt guter Dinge zu sein. Er streckte sich und sagte:

»Wieso leid? Seien Sie froh; es ist der Höhepunkt unseres Spiels. Hinter dem Vorhang lauert der Ernst. Symbolisch natürlich; da ist ein Abstellraum ohne Fenster.«

»Aber mich hat was berührt.«

»Das war die hohe Erwartung. Ein Effekt, der uns viel Vergnügen bereitet. Seit Jahren.«

A. schwieg und berührte mit den Zehen das Bündel. Die Geldverleiherin legte den Kopf an die Schulter des Altpräsidenten. Ihr Atem wurde ruhiger. Eine Art Frieden zog ein. Leise fragte sie:

»Hätt ich ihm mehr geben sollen?«

»Nein, keineswegs. Geld darf nur Reizmittel sein. Der Künstler hat Talent, sich zu strecken. Will man fördern, darf man nicht zu viel und nicht zu wenig geben.«

»Du glaubst, er nimmt es?«

»Am Ende, ja.«

Die Geldverleiherin rieb sich die Mundwinkel aus. Dann seufzte sie wieder.

»Tja... Leute gibt es«, ließ sie fallen.

»Die gibt es gar nicht«, schloß der Präsident ihren

Satz. »Nicht wahr, man wundert sich ja stets aufs neue; oder hatten wir uns nicht immer gewundert?«

»Über die Blicke der Leute.«

»O, genossen haben wir diese Blicke, genossen, Marie.«

»Und winkten sogar.«

»Den Leuten?«

»Den Leuten.«

»Und die waren wie?«

»Nichts als plump.«

»Man sah es ihnen an?«

»Sie trugen lächerliche Kleidung.«

»Farbe?«

»Braun überwiegend.«

»Und träumten wovon?«

»Italien, dem Meer.«

»Richtig, es gab noch keine preiswerten Reisen.«

»Es gab keinen preiswerten Stil.«

»Jeder Pfiff . . .«

»War exklusiv.«

A. hob das Geld auf und ging zu den Pflanzen. Er kleidete sich wieder an, er ließ sich Zeit. Es war fast dunkel geworden, man sah Sterne am Himmel.

»Aber so sind Künstler«, sagte der Altpräsident. »Genau so. Sie nehmen, wenn man gibt.«

»So wie ich immer nahm.«

»Von mir; aus meiner Hand.«

»Und manchmal auf offener Straße.«

»Und man starrte auf uns.«

»Auf mein Cabriolet starrte man.«

»Weil man es schamlos fand.«

»Weil ich es bar bezahlt habe. Mit einer gewöhnlichen Tüte voll Geld.«

»Der Verkäufer war platt?«

»Er wurde rot und gab mir den Wagen.«

»Es war ein herrliches Auto.«

»Die Leute schauten und schauten. Wir winkten ihnen manchmal zu.«

»Wenn wir gemeinsam fuhren.«

»Du hinter deiner Maske.«

»Richtig, ich besinne mich wieder.«

»So hast du gewunken, so ... Mit zwei Fingern. Den Leuten.«

»O ja, wir verkehrten mit ihnen auf scherzhaftem Fuß; wie spät ist es jetzt?«

»Du mußt bald gehen.«

»Ich geh dann auch«, sagte A. und ging langsam zur Tür; der Präsident kroch vom Schreibtisch.

»Und ich muß wo, bitte, hin?«

»Eine Nachtsitzung deiner Fraktion.«

»Und Sie? Auch noch zu tun?«

»Ich gehe nach Hause«, rief A.

»Und du?«

Die Geldverleiherin lächelte kurz. Dann begann sie wieder mit Himmel und Erde. Sie hüpfte und sagte:

»Ich bleib.«

Sie hüpfte weiter und fuhr fort:

»Ich bleib allein, ich werde beten ...

Lieber Gott, gib Geld.

Eine Million, und ich wanderte aus.

Nach Amerika und kaufte mir Eiscreme; und führe
ins Kino; und sähe die Wüste ...
Ich mache mir nichts aus Intimitäten.
Aber sie kosten mich auch kaum Überwindung, au-
ßerdem bin ich geschickt; und rede allen gut zu; und
laß mich selbst mit Worten überschütten ...«
Busenschwester, Ruhekissen, Leckmama ...«
»Mehr nicht?« rief A. von draußen.
»Vögeltantchen, Wonnearsch ...«
»Und Oftgefickte, Schwanzbeglückte ...« gab der
Präsident zum besten.
»Nein, viel gemeiner noch, gemeiner«, sagte die
Geldverleiherin. »Es gab ein Lied, ein kleines, hören
Sie?« Und hüpfte weiter und sang.
»Marie, Marie ... du darfst nicht weinen ... Petrus
im Himmel ... hat auch noch einen ...«
Sie hüpfte auf einem Bein bis zur Tür, während der
Altpräsident seine Taschen mit Banknoten stopfte. Er
erschien ganz versunken dabei, er summte und wiegte
den Kopf. Dann sang er auch, und seine Augen
wurden naß. »Komm in mein Traumboot der
Liebe ... Fahre mit mir nach Hawaii ...«
Und die Geldverleiherin hüpfte und rief:
»Dazu gehören zwei!«
Sie hüpfte bis zu den Liften. Dort zupfte sie sich
Wimpern aus und blies sie in den Fahrstuhl; ihre
Brust ging auf und nieder, sie sagte:
»Ich lebe.«
Und A. erwiderte, »Ich auch«, und drückte aufs
Knöpfchen, die Türen schlossen sich. Er sah noch,
wie sie die Jacke aufriß, dann setzte schon das Gefühl

wie bei Glück ein. Er verschränkte die Arme, er atmete durch, die Larve und das Geldbündel zwischen den Fingern. Es faßte sich gut an, und er dachte an Jacken und Hosen, die er sich leisten könnte damit. An Kleidung im Geschmack der Fünfzigerjahre, aus Stoffen freilich, die so knitterten, daß keiner annehmen würde, ihm fehle nur das Geld für das Plätten. Und kindische Freude ergriff ihn, er warf einen Blick auf die Scheine. Sie sahen aus wie neu. Aber sie waren es nicht; sie hatten ihre Zeit nur gut überdauert, einen Dreck waren sie wert. A. zog die Larve vors Gesicht, der Fahrstuhl hielt; wie kleine Fliegen kitzelten die Tränen unter dem glatten Gewebe. Die Türen gingen auf, er rannte. Und als er endlich das Freie wiedergewann, lief er sofort zu einem Abfallkorb hin. Niemand beachtete ihn. Die Menschen strömten vorbei, sie schwatzten. Plötzlich war vom Spätsommer die Rede.

HUNDENARR

Auf Drängen seiner Töchter, Zwillingen mit hoher Babystirn und entwickeltem Sinn für Exzentrik, hat der Altpräsident den Romancier P., der im Laufe seiner Vortragsreise auch nach F. kam, für eine Lesung im privaten Rahmen gewonnen. Man erzählte, daß ein groß angelegtes Werk im Entstehen sei: ein Zyklus der Begierden, und P., nach langer Abgeschiedenheit, wieder Bereitschaft zeige, zu lesen, vor einem ausgesuchten, kleinsten Kreis jedoch nur.

Und ein ausgesuchter, sehr kleiner Kreis traf sich an diesem herbstlichen Abend. Da gab es den Hausherren, dessen jährlicher Künstlerempfang auch in kritischen Blättern mit Hurra vermerkt wurde, und seine schweigsame Frau, eine ihrer feinen mütterlichen Art wegen geschätzte Gastgeberin; und es gab die Zwillingstöchter, Gegenstand zahlloser Witze, hinter denen sich freilich ausgefallenste Wünsche verbargen, namentlich der schon älteren Künstler, die im Hause verkehrten. Ferner war ein Zahnarztehepaar geladen, beide am literarischen Leben, wie sie nicht müde wurden zu betonen: äußerst interessiert, sowie ein Freund der Familie, stellungsloser Kritiker – geistreich und erfolglos – ein dichtbehaarter, vor sich hinbrütender Mann; und, auf ihr diskretes Bitten hin, die Kulturdezernentin der Stadt, verflossene Geliebte P.'s, eine Frau, die von sich selbst gern sagte, daß sie zärtlich sei.

P. kam mit leichter Verspätung. Er hatte den Text

noch verändert; kleine Schaumkugeln, die ihm aus den Mundwinkeln traten, verrieten, daß ihm jede Gemütsruhe fehlte. Der Altpräsident nahm ihn gleich in Empfang.

»Lieber ...«, sagte er und wußte nicht weiter. Er half P. aus dem Mantel, er gab ihm Gelegenheit, seine Kleidung zu richten. P. trat vor den Garderobenspiegel und berührte mit den Fingern das Glas; es war die erste Leseprobe aus dem Zyklus, und fiele dieser Abschnitt durch, so fiele er selbst durch.

»Gespannt ist man«, sagte der Gastgeber.

»Gespannt worauf?«

»Gespannt auf Sie.«

P. rieb die Schaumkugeln fort und schritt durch die Halle, langsam auf eine weitgeöffnete Tür zu. Sie führte in den Raum, in dem die Geladenen saßen. Sie saßen wie zwanglos, frontal zu einem Lesepult; unweit der Tür lag ein Schäferhund auf dem Boden der Halle. Er war schwarz und trug einen Maulkorb, und aus dem dichten Fell stand sein Glied. Es glich einer roten, von Schmelz überzogenen Kerze. P.'s Schritte wurden kürzer; um den Eindruck zu vermeiden, er zögere wegen des Hundes, zählte er die Textseiten nach. Und während er sich noch vertieft gab, kamen die Zwillingstöchter. Sie trugen lange, nachtblaue Kleider, die um die Schultern herum silbrig bespritzt waren, so daß einem die Milchstraße einfiel, und sie fragten ihn leise, ob er sich erschrocken habe vor ihrem Hund ...

»Ich muß Sie enttäuschen.«

Die beiden sahen sich an. Ihre Ähnlichkeit war erschreckend. Keine existierte für sich, es gab sie nur in der Verdoppelung; einstimmig sagten sie:

»Er ist ja unschuldig an seinem Zustand.«

P. stimmte dem zu. Ein Hund sei kein Mensch.

»Aber irgendwie hilflos, finden Sie nicht?«

»Was heißt hilflos?«

»Unbeholfen.«

»Vielleicht aus Ihrer Sicht.«

»Nein«, flüsterten die Zwillinge, »objektiv. Er kann ja nichts tun mit dem Maulkorb.«

»Und warum trägt er ihn?«

»Wegen der Gäste. Wegen Ihnen.«

P.'s Ohrläppchen schwollen, er warf einen Blick auf den Hund. Wie in alle Hunde, konnte er sich auch in diesen Hund einfühlen, in dessen Welt der Gerüche, in dessen hündisches Wesen. Und er beneidete ihn um ein Leben in Dumpfheit. Die Zwillinge schnalzten, das Tier sprang auf. Bei hohlem Rückgrat reckte es die Schnauze, Zähne zeigend, soweit der Maulkorb es zuließ; ein Zittern lief durch sein Fell. P. sah ihm in die Augen. Da war nichts Falsches, nur Ergebenheit.

»Ist er denn bissig?«

»In diesem Zustand schon«, sagten die Zwillinge, und er spürte eine Hand auf der Schulter. Es war der Altpräsident. Er schleuste P. zu den Gästen, er stellte sie ihm einzeln vor. So, als sei jeder berühmt.

»Genialster Brückenbauer«, nannte er etwa den Zahnarzt, und P. zwang sich, den Hund zu vergessen.

»Ich hatte Sie mir immer blasser vorgestellt«, sagte die Zahnarztehefrau.

»Das tut mir leid ...«

Und der Zahnarzt selber sagte:

»Wir lieben nämlich beide Ihre Bücher.«

Und fügte hinzu:

»Die späten vor allem.«

Und P., der seine späten Bücher haßte, bedankte sich und schüttelte die nächste Hand. Es war die Hand des stellungslosen Kritikers. Sie war groß und warm.

»Wir kennen uns«, murmelte der pelzige Mann, und ehe P. noch vortäuschen konnte, sich zu besinnen, trat die Kulturdezernentin dazwischen. Daß er sich rar gemacht habe, raunte sie ihm ins Ohr.

»Ich hatte zu tun.«

»Auch nachts?«

»Vor allem nachts.«

»Und? Der Erfolg?«

»Achthundert Seiten«, sagte P. und floh zum Stehpult; der Präsident bat um Gehör. Er hieß den Ehrengast willkommen und verlor ein paar Worte zu dessen Person; P. sah zur Tür, um das Lächeln der Geladenen nicht erwidern zu müssen. Er sah, wie sich die Töchter niederließen. Und zwar auf dem Boden. Und nicht im Raum, sondern vor der offenen Tür, so daß sie nur von seinem Standpunkt aus zu sehen waren; und zwischen den beiden lag plötzlich der Hund. Auf dem Rücken.

»Hören wir also etwas aus dem zwoten Kapitel«, schloß der Präsident seine Rede und gab durch ein

Handzeichen gleichsam Bühne frei für die Lesung; eine Hilfe mit Schürzchen und Haube drehte das Oberlicht aus.

Die Zuhörer saßen jetzt alle im Halbdunkel. Nur eine Stehlampe warf noch ihr Licht. Schräg und von hinten fiel es aufs Pult, floß dann über den Teppich und erschien in der offenen Tür schon ein wenig gebrochen. Schwach lag es auf den silbrig bespritzten Schultern der Töchter; schwach lag es auf dem Fell des Hundes, aus welchem noch immer, wie lackiert, das Glied hervorstand. Fast andächtige Stille zog in den Raum. Bis auf ein leises Geschnaufe war nichts zu hören. Es kam von dem Hund. Die Töchter, sah er, kraulten ihn. Sie kraulten ihn ganz nebenbei, war sein Eindruck, aber dennoch gezielt. Und wie mit einem Augenpaar hingen sie ihm an den Lippen, als er die ersten Sätze auswendig sprach.

Es waren schwierige Sätze mit schwierigen Redefiguren. Sie enthielten seine eigenen beschwerlichen Konditionen der Lust, wenn auch maskiert durch ein anderes Milieu, eine bürgerliche Welt zu Beginn des Jahrhunderts; das Kapitel trug die Überschrift Damenschuh. Er wendete das Blatt, obwohl er wußte, wie es weiterging, ganz langsam schweifte sein Blick ab; er schweifte hinüber, zurück zu der offenen Tür.

Der Schäferhund lag jetzt gewölbt, Hals, Brust und Bauch waren ein Bogen; er lag mit weit nach hinten geworfenem Kopf, die Gitter des Maulkorbs berührten den Teppich. Seine Hinterbeine waren aufgeklappt, seine Pfoten hingen schlaff; die Zwillinge kraulten ihn zwischen den Beinen. Sie schauten immer noch zum Pult, auf ihrer Babystirn lag Schimmer. Und mit Willenskraft, nichts anderem, wandte er den Blick nach vorn. P. sah in den Text und versprach sich.

Zwei, drei Sekunden verstrichen, dann verbesserte er. Er stellte richtig, daß die Cousine, mit der das Kapitel anfing, überhaupt (statt: übelhaupt) eine kleine Heilige gewesen sei, bei aller Ähnlichkeit mit einem Küchenmädchen, dem man an diesem Sonntag zugesehen habe, wie es einen streunenden Köter verdrosch.

Er las den Text jetzt ab. Mit halben Augen erkannte er die Arme der Töchter: als helle Bänder in der dunklen Masse des Fells; ihre Hände schienen ineinanderzugreifen, es sah aus, als liebkosten sie das rote Geschlecht. Buchstaben und Silben, ja, ganze Worte und Zeilen begannen unter seinen Augen zu tanzen, und er versprach sich nochmals. Doch anstatt zu verbessern, ließ er es wirken und redete weiter; er sah auf den Text und erfand.

»Nein, etwas ganz und gar Fremdes trat da bei meiner Cousine zutage. Sie fragte, ob es Spaß mache, einen Hund so zum Winseln zu bringen, worauf unser Küchenmädchen ihr dickes Haar aus der Stirn warf. Einen Hund vor Schmerz winseln zu hören, sagte sie, mache ihr lang nicht den Spaß wie sein Gewinsel vor Lust ... Die Cousine bekam Flecken am Hals, das Küchenmädchen lachte nur – um ihr das mal zu zeigen, brauchte man schon einen Hund. Und den Köter habe sie jetzt laufen lassen ...«

P. blätterte um, obgleich es nichts zum Umblättern gab; er überlegte sich den nächsten Satz. Die neue Seite glättend, sah er wieder zur Tür. Beide Zwillinge reizten den riesigen Hund, der jetzt sein Kreuz am Teppich wetzte. Und das alles im Auge, redete er weiter und weiter, ein Wort gab das andere.

»Ich stand also nackt in dem Schober, bereit, das Tier zu spielen, und meine Cousine fragte: Was nun? Das Küchenmädchen zwinkerte mir zu. Ich schloß meine Augen und biß die Zähne zusammen, und es betäubte mich mit einem Klaps auf den Kopf ...«

Der Schäferhund stieß einen kurzen Laut aus. Es war ein Laut, der gar nichts Hündisches mehr hatte. Und die Zwillingstöchter spielten immer flinker an ihm, ihre Blicke waren starr. Sie waren ganz auf P. gerichtet, der nun mehr und mehr die Herrschaft über seine Sätze verlor.

»Und so lag ich nun da und spürte die Hände der beiden; ich schämte mich und biß mir vor Lust auf die Zunge. Und um mir wieder das Gefühl zu geben, daß auf keinen Fall ich es sei, der dort läge, sondern irgendein Köter, winselte ich. Es fiel mir leicht.«

P. sah auf, er sah nur Blicke; und er begann zu winseln. In der kleinen Zuhörerschaft entstand Unruhe. Das Zahnarztehepaar hatte sich weit nach vorne gebeugt, die Hände zwischen den Schenkeln gefaltet, beide schüttelten sachte den Kopf. Der stellungslose Kritiker zwirbelte Härchen, die aus dem offenen Hemdkragen quollen. Der Altpräsident und seine Frau flüsterten einander zu. Die Hilfe mit dem Schürzchen preßte sich ein Taschentuch auf den

Mund. Und die Kulturdezernentin rieb sich die Kniekehlen. P. nahm das alles nur am Rande wahr. An der
Blattkante vorbeispähend, winselte er weiter, nichts
im Kopf als den Hund.
Das Tier zitterte nun vom Kopf bis zum Schwanz,
Blasen wuchsen aus dem Maulkorbgitter. Und P.
hob wieder an, zu reden, ohne sich selbst noch zu
hören.
»Da wußte ich plötzlich, daß dies der Beginn eines
Lebens als Hund war. Ich war mich endlich losge-
worden; ich brauchte nur zu winseln, ich brauchte
nur zu jaulen. Ich jaulte in den höchsten Tönen und
schämte mich nicht. War ja ein Tier ...
Ein Straßenköter«, fuhr er fort, »eine ganz scheußliche Mischung ... kurze Beine, Riesenschädel ...«
Und den Schäferhund im Auge, fing er nun an zu
jaulen; und sah und litt, war nur noch Galle und
Nerven.
Das Vieh warf den Kopf hin und her und verlor
seinen Samen. Die Zwillinge wischten ihn weg. Hoch
über dem Haus brummte ein Flugzeug. Es wurde
stiller und stiller. Man schwieg. Man sah ins Leere. P.
hatte aufgehört zu jaulen. Er schaute wieder in den
Raum, in wächserne Gesichter. »Falls Sie jetzt Fragen
stellen möchten«, sagte er leise und knickte seinen
Text auf dem Pult. Er stand etwas nach vorne gebeugt, die Stirn in Falten, als denke er nach. Aber er
dachte nicht nach; er spürte, daß alles verloren war,
wozu nach Erklärungen suchen. Er hatte gewinselt,
er hatte gejault, aus voller Seele offenbar; denn niemand lachte, niemand klatschte, ja niemand schien

zu atmen. Dann hob der Zahnarzt eine Hand. Er hob sie wie ein Schüler.

»War es denn nötig, diese Perspektive zu wählen?«

P. knüllte jetzt den Text, er schwieg.

»Sie war wahrscheinlich unvermeidlich«, warf die Kulturdezernentin ein.

»Eine Art Selbstauflösung, auch eine Todessehnsucht« bemerkte der Kritiker wie aus tiefer Versenkung, und der Altpräsident hielt ihm entgegen, daß es sich doch hier eher um die Gattung der Tierfabel handle, woraufhin die Frage auftauchte, ob es auch zu einer Rückverwandlung komme im Laufe des Buches ...

»Ich weiß es nicht«, sagte P., und danach sagte keiner mehr was; er sah zur Decke, sah zur Seite, er fing einen Blick auf. Es war der Blick des Hundes, er stand inzwischen an der Haustür. Mit Augen, als wollte er sagen: Komm, laß uns gehen ... Es war ein brüderlicher Blick. Und P. erwiderte ihn, und die Zwillinge glaubten, sie seien gemeint. Da überkam ihn Wut, und er bellte.

Er bellte sich aus, und der Schäferhund bellte sich ebenfalls aus, die Zuhörer saßen bewegungslos da. Und als er wieder Luft hatte, schob er das geknüllte Manuskript in die Tasche, mit einem knappen:

»So«

Alle sahen zu Boden, niemand stellte Fragen.

»Sie können denken, was Sie wollen«, rief P., »aber ich bin ein Hund mit Begabung. Ich bin ein armer Hund.«

Und alle Blicke flogen ihm zu.

»Durch die Vermittlung meines renommierten Agenten habe ich die Möglichkeit erhalten, in den führenden Buchhandlungen kleinerer Städte einige meiner Texte vorzutragen, gegen ein Abendhonorar von vierhundert Mark, welches die Lesung und eine Fragestunde sowie ein geselliges Beisammensein nach der Fragestunde miteinschließt, bei Übernahme der Kosten von Bahnfahrt und Logis seitens des renommierten Agenten, der die Buchhandlungen auch mit Plakaten versorgt, die ein Bild von mir zeigen, das nicht der Wahrheit entspricht: Dort schaue ich aus wie ein Mensch.«

P. sah in die Runde. Die Kulturdezernentin sandte ihm unauffällig einen Kuß durch die Luft. Der Altpräsident gab nach hinten ein Zeichen. Es galt der Hilfe, die nun eine Platte mit Schnittchen enthüllte; und Zeichen gab auch seine Frau – ein Fenster auf, Luft! Der stellungslose Kritiker murmelte »Obsession ...« vor sich hin. Das Zahnarztehepaar nickte sich zu. P. glaubte speien zu müssen. Er stürzte zur Haustür, er riß sie auf; er stürzte mit dem Hund ins Freie.

Das Tier drängte sich an ihm vorbei und ging in eine fast menschliche Hocke. Und P., der bei aller Neigung nur mäßig vertraut war mit Hunden, fand es ergreifend, wie sich das Riesenvieh zitternd entleerte. Dann hörte er Stimmen. Es waren die Zwillige, sie riefen den Hund. Lichter flammten auf und blendeten ihn, er tappte umher, unschlüssig auch, wo er hinfliehen sollte, noch dazu ohne Mantel, bis die beiden mit wehenden Kleidern an der Pforte erschienen.

Ein Körper nur, in seinen Augen, ein Lächeln, ein Gesicht; alles Süße verdoppelt. Und er dachte daran, sie jetzt einfach zu fragen. Zu fragen, ob sie mit ihm kämen, in sein Hotel Garni, in sein Einzelzimmer mit Dusche, in sein noch unberührtes Bett mit dem Willkommensbonbon auf dem Kissen; in seine Arme ...

P. zog die Augenbrauen hoch, die Zwillige fuhren sich durchs Haar; es war eine Bewegung.

»Gell, Sie verachten sich auch«, zischten sie, und er rannte. Er rannte und glaubte Stiefel zu tragen, so schwer wog der Hundekot, in den er getappt war. P. rannte, bis er nicht mehr konnte. Außer Atem und mit schweißüberlaufenen Wangen ließ er sich auf einer Parkbank nieder, Kieselsteine, Sand und Blätter am Schuh, ein dicker, zäher Kranz. Er zog den geknüllten Text aus der Tasche und begann damit das Geklump zu entfernen; es füllte die ganze Senke zwischen Absatz und Sohle, was aber nicht das Schlimmste war. Viel schlimmer war, es roch nach Mensch.

P. schob es in großen Patzen herunter, mit angehaltener Luft, so daß ihm bleiern wurde. Erst durch ein Keuchen merkte er, daß er nicht mehr allein auf der Bank saß. Er wendete etwas den Kopf und sah die Fesseln der Kulturdezernentin. Sie war ihm nachgerannt, mit seinem Mantel. Auch ihr lief der Schweiß. Sie warf ihm den Mantel über die Schultern, sie sagte:

»Wie gehst du nur mit dir um ...«

P. schwieg und entfernte den Kot.

»Man kann nicht so umgehen mit sich.«

»Doch, kann man«, erwiderte er.

»Kann man nicht.«

»Kann man ja. Es gibt einen einzigen Menschen, mit dem ich tun und lassen kann, was ich will. Mich.«

»Wie kindisch.«

»So kindisch, wie mir nachzulaufen. Was willst du?«

»Dich wiedersehen.«

»Du hast mich wiedergesehen.«

»Ich will aber mehr.«

P. schwieg und entfernte den Kot, die Kulturdezernentin besah ihre Nägel. Sie kaute.

»Viel mehr will ich.«

»Hier im Park?«

»Warum nicht. Ich bin eine Frau.«

»Seit wann?«

»So gemein bist du doch gar nicht ...«

»Aber ich bin in die Scheiße getreten. An meinem Schuh klebt Hundescheiße.«

»Dein Schuh ist mir egal.«

»Sie stinkt irgendwie menschlich, findest du nicht?«

»Ich rieche nichts.«

»Sie stinkt zum Himmel schreiend.«

Und P. zog den Schuh aus und hielt ihn hoch, die Kulturdezernentin legte ihm einen Arm um den Hals.

»Laß es uns gleich tun«, flüsterte sie.

»Glaub mir, sie stinkt menschlich.«

»Du weißt, ich bin eine zärtliche Frau.«

»Ich weiß. Aber riech erst.«

Und sie roch an dem Schuh.

»Gar nicht wie Hundescheiße, stimmts?«

»Du bildest dir ja gern etwas ein.«

P. zog den Schuh wieder an. Dann sagte er:

»Und daß es die Zwillinge mit dem Hund vorhin trieben, während ich las – auch nur Einbildung, ja?«

»Eine hübsche Idee.«

»Glaub mir, oder ich gehe.«

»Gut, ich glaube dir. Und nun komm.«

»Warum gerade hier?«

»Schauen, ob es geht. Sehen, wie es ist. Eine Frau wie ich tut es nicht auf Parkbänken nachts. Ich kenne nicht einmal in der Literatur eine Stelle.«

»Dann erfinde ich eine.«

»Aber ich will es erleben.«

P. ergriff ihre Hände. Er hielt sie fest, er tat ihr weh. Wie eine Klammer war sein Griff. Er sagte:

»Vergiß nicht, ich bin ein Erzähler.«

»Heißt das, du verachtest mich?«

P. schloß die Augen. Ein Wind kam auf, der Abend fiel von ihm ab; und er begann zu erzählen.

»Novembernacht. Der Stadtpark roch nach milder Fäulnis, zwei Menschen stapften durchs Laub ...«

»Du verachtest mich.«

»Nicht mehr als mich selbst. Es waren ein Mann und eine Frau. Sie wollten zu einer entlegenen Bank. Der Mann liebte die Frau. Er liebte sie hoffnungslos, denn sie hing an einem anderen, der sehr jung war und schön. Doch der Mann, der mit ihr durch den Park ging, war wichtig für sie; sie empfand ihn als eine Notwendigkeit. Die Frau sehnte sich nach einem anderen Glück als dem, was sie hatte; während er die

Liebe mit ihr suchte, suchte sie die Liebe über ihn. Sie spürte seine Hand im Rücken. Er wagte es nicht, die Hand in ihren Nacken zu legen. Der Mann hatte ein großes Gesicht mit vielen Unebenheiten; die wirkten, als hingen Gewichte an ihnen. So glich er einem Boxerhund. Aber er hatte den Geruch des fertigen Körpers. Er roch erwachsen, und sie genoß das, der Mann erfuhr nichts davon. Er wünschte sich nur ein anderes Gesicht; ihre Liebe oder ein anderes Gesicht, eines von beidem. In Tagträumen maskierte er sich mit dem schönen Gesicht ihres jungen Geliebten. Die Bank war erreicht, sie blieben stehen davor. Die Frau roch sein Haar. Sie wünschte sich, sein Haar zu kauen, und war mit einem Mal gelöst. Kurz darauf spürte sie etwas Warmes im Nacken ...«

»Ich will es erleben«, unterbrach die Kulturdezernentin.

»Die beiden setzten sich nun, schräg zueinander, und ihre Oberkörper sanken langsam vornüber. Bis kaum mehr Raum war zwischen den Gesichtern. Bis sie Silberblicke bekamen. Dann flogen sie sich in die Arme.«

»Ich will es erleben ...«

»Du mußt mir nur zuhören. Die Frau lachte vor Glück, über ihr heißes Gesicht liefen Bäche. Sie nahm den Kopf des Mannes in die Hände, sie bedeckte die Unebenheiten; und der Mann umgriff ihren Körper und sagte leise ein Wort für jedes Stück, das seine Hand berührte. Sie hinterließen einander Ichliebedich auf der Haut.«

»Ich will es erleben!«

»Du mußt auch glauben, was ich erzähle.«

»Aber ich glaube es nicht.«

P. ließ sie los.

»Weil du nicht an die Kunst glaubst«, versetzte er und sprang auf. Er raffte den Mantel, er spürte den Klumpen am Schuh, er lief in die Nacht. Welke Blätter krachten unter seinen Schritten, um so stiller war es ringsrum: als kraulte er durch einen nächtlichen See. Bis eine Stimme durch den Park rief:

»Hund, du!«

Und er begann zu hüpfen.

(Frankfurt 1984)

Inhalt

suhrkamp taschenbücher materialien

suhrkamp taschenbücher materialien

suhrkamp taschenbücher materialien

suhrkamp taschenbücher materialien

8/4/2.88

suhrkamp taschenbücher
Eine Auswahl